Tilly Kübler-Jung

Die selbstbeschränkte Freiheit

Tilly Kübler-Jung

Die selbstbeschränkte Freiheit

Warum wir uns gern sozialen Normen unterwerfen

Tectum Verlag

Tilly Kübler-Jung

Die selbstbeschränkte Freiheit.
Warum wir uns gern sozialen Normen unterwerfen

ISBN: 978-3-8288-3355-5

Umschlagabbildung: © sibgat | shutterstock.com
Druck und Bindung: CPI buchbücher.de, Birkach
Printed in Germany

Besuchen Sie uns im Internet
www.tectum-verlag.de

Bibliografische Informationen der Deutschen Nationalbibliothek
Die Deutsche Nationalbibliothek verzeichnet diese Publikation in der Deutschen Nationalbibliografie; detaillierte bibliografische Angaben sind im Internet über http://dnb.ddb.de abrufbar.

INHALT

1 VORWORT

Jeder Mensch strebt nach Freiheit. Wie kommt es dann, dass wir uns im Alltag stets aufs Neue und scheinbar ohne große Überlegung gesellschaftlichen Regeln unterwerfen? Warum lassen wir unsere persönliche Freiheit freiwillig und gern durch soziale Normen einschränken? Wieso befolgen wir gesellschaftliche Richtlinien, die unsere Handlungsfreiheit einengen und die unserem Streben nach subjektiver Entfaltung und nach dem Verfolgen egoistischer Ziele grundlegend widersprechen? Oder einfacher gefragt: Warum macht nicht jeder, was er will, ohne Rücksicht auf andere?

Die Antwort ist sowohl simpel als auch komplex: Der Mensch ist ein soziales Wesen. Er kann und will nur in Gemeinschaft existieren, braucht die Gesellschaft, um zu sein und er selbst sein zu können. Jeder Mensch ist auf das Miteinander mit anderen Menschen angewiesen, doch dieses „Beisammensein" ist ohne ein bestimmtes Maß an Ordnung unmöglich. Für das einzelne menschliche Individuum ist eine völlig eigenständig-isolierte Lebensführung nicht oder zumindest nicht auf Dauer zu ertragen. Ob als Kleinkind, als Heranwachsender oder als alter Mensch, stets sind wir auf die Hilfe anderer Menschen angewiesen.

Doch auch in den Jahren dazwischen besteht ein grundlegendes Bedürfnis nach den „anderen", nach sozialer Einbindung in irgendeine Form der Gemeinschaft, die uns seelischen Halt und praktische Unterstützung verspricht. Jeder fürchtet mehr oder minder ein Alleinsein in Form von Einsamkeit, Isolation und Hilflosigkeit.

Doch alle Gesellschaften, Gemeinschaften und Interaktionen mit anderen Menschen erfordern eines grundlegend: eine Regelung durch soziale Normen, die die Beziehungen der Menschen untereinander strukturieren. Durch sie können wir nicht einfach tun, was wir wollen, sondern müssen in vielen Bereichen unser Handeln an andere anpassen und müssen unser Verhalten in bestimmten Situationen nach fest gesetzten Regeln richten.

Gesellschaft als unabdingbare Voraussetzung menschlichen Lebens schränkt jedoch nicht nur die Freiheit des Einzelnen ein, indem sie ihn dazu zwingt, aus Rücksicht auf andere so und nicht anders zu handeln. Sondern sie erwartet und fordert auch von den anderen Personen, mit denen er interagiert, ein ebensolches Verhalten in ganz bestimmten Situationen. Die Handlungen der anderen Mitglieder dieser Gesellschaft werden somit für ihn in einem gewissen Maße „vorausschaubar", was auf beiden Seiten zu einer Handlungssicherheit führt. Schauen wir uns hierzu ein Beispiel aus dem Verkehr an.

Wenn ich mich als Autofahrer in Deutschland mit meinem PKW fortbewege, muss ich mich an bestimmte Verkehrsregeln halten (rechts fahren, Vorfahrt achten, Geschwindigkeitsbegrenzungen einhalten etc.). Im Gegenzug kann ich mir dann aber auch mehr oder minder sicher sein, dass sich die anderen Verkehrsteilnehmer ebenfalls an die Verkehrsregeln halten. Zwar muss ich einem Autofahrer, der von rechts kommt, an einer Kreuzung die Vorfahrt gewähren und bremsen, kann dafür dann aber auch mit einer gewissen Sicherheit davon ausgehen, dass andere Autofahrer, falls ich selbst an dieser Kreuzung an einem anderen Tag von rechts komme, ebenfalls anhalten und meine Vorfahrt beachten und gewähren werden.

Wir sehen somit an diesem Beispiel: Erst wenn sowohl ich als auch die anderen gegenseitig von gewissen Verhaltensweisen im Vorhinein ausgesehen können, also Aktionen und Reaktionen in ihren Grundzügen geregelt sind, kann jeder mit einer gewissen Sicherheit agieren. Regeln gewähren eine Handlungssicherheit auf beiden Seiten, sie standardisieren gewisse Handlungsabläufe und vereinfachen sie dadurch.

Wenn ich nicht darüber nachdenken muss, ob ein von links kommender Autofahrer anhalten wird oder nicht, sondern relativ sicher davon ausgehen kann, dass er bremsen und mir die Vorfahrt gewähren wird, kann ich gefahrlos und zügig aus der rechts liegenden Straße herausfahren und meine Fahrt sicher und ohne großes Nachdenken fortsetzen. Ohne soziale Normen würde hier das Recht des Stärkeren (oder des dreisteren Autofahrers) gelten, wobei erst einmal auf beiden Seiten abgeschätzt werden müsste, welcher der beiden Autofahrer der Stärkere ist. Dies würde eine nicht vorstellbare Situation mit nicht einzuschätzenden Konsequenzen darstellen.

Soziale Normen schränken somit nicht nur unseren eigenen Handlungsspielraum ein, sondern auch den der anderen Menschen. Sie strukturieren damit die Interaktionen, machen das menschliche Miteinander erst möglich und stabilisieren soziales Handeln, indem sie einen gewissen Handlungsrahmen vorgeben.

Soziale Normen determinieren fast alle alltäglichen Handlungsabläufe. Ohne soziale Normen wäre schon der einfache Kauf eines Brotes in einer nahe gelegenen Bäckerei ein kaum zu bewältigendes Unterfangen.

Auf dem Fußweg dorthin könnte ich nicht sicher sein, ob mir auf dem Gehsteig nicht etwa ein schnelles Motorrad entgegenkommen und mich überfahren würde. Würde ich eine Straße überqueren, könnte ich nicht davon ausgehen, dass die Autos Innerorts 50 km/h fahren, sondern müsste damit rechnen, dass evtl. jemand mit 100 km/h angeschossen käme und mich erfassen würde. In der Bäckerei wüsste ich nicht, ob der Verkäuferin vielleicht meine Nase nicht gefällt und sie sich eventuell deshalb weigert, etwas an mich zu verkaufen. Befänden sich mehrere Kunden im Laden, wüsste ich nicht, wann ich bedient werde, weil es der Verkäuferin möglicherweise gefällt, die Kunden nicht nach der Reihe zu bedienen, sondern nach Sympathie, nach Alter, Geschlecht, Attraktivität oder nach anderen subjektiven Kriterien bestimmte Leute vorzuziehen. Vielleicht würde es ihr an diesem Tag oder zu dieser Stunde auch gar nicht belieben, überhaupt jemanden zu bedienen, sondern würde die Leute wieder nach Hause schicken, um gemütlich einen Kaffee zu trinken oder ausgiebig zu telefonieren.

Würde trotz allem der Brotkauf gelingen, wüsste ich nicht, aus welchen Zutaten das Brot besteht und ob es überhaupt genießbar wäre, weil es über die Zutaten keine (gesetzlichen) Vorgaben gäbe. Auch was den Preis anbelangt, müsste ich mich überraschen lassen. Vielleicht wäre das Brot über Nacht für mich plötzlich unerschwinglich geworden, weil sich der Bäcker an diesem Morgen dazu entschlossen hat, 100 Euro dafür zu verlangen. Würde es 2 Euro kosten, aber ich hätte kein passendes Kleingeld zur Hand und würde mit einem 50-Euro-Schein bezahlen, könnte ich nicht davon ausgehen, dass mir die Verkäuferin das korrekte Wechselgeld oder überhaupt etwas zurückgibt. Auf dem Rückweg könnte ich wiederum nicht sicher sein, ob mir nicht eine mir körperlich überlegene Person das Brot aus den Händen reißen und damit verschwinden würde.

Schon an diesem einfachen Beispiel wird deutlich, wie elementar wichtig soziale Normen selbst für sehr einfache soziale Abläufe im Alltag sind. Wenn bereits diese simplen Interaktionen beim Brotkauf ohne eine Vielzahl verschiedener Verhaltensvorschriften nicht oder nur schwer möglich sind, wie können dann komplexere gesellschaftliche Abläufe ohne soziale Normen funktionieren?

Der Mensch ist in ein Sozialgefüge eingebunden, ist tagtäglich gesellschaftlichen Erwartungen ausgesetzt. Er muss sich aber auch, um in dieser menschlichen Gemeinschaft existieren und agieren zu können, auf die Einhaltung standardisierter Verhaltensregeln verlassen können, muss darauf vertrauen können, dass sein soziales Gegenüber sich so und nicht anders verhält.

Der Mensch, der sich zwar nach Freiheit, aber gleichzeitig auch (und noch viel stärker) nach Gemeinschaft sehnt, muss sich, um sich in eine (oder gar mehrere) Gesellschaft(en) einbinden zu können, an generalisierte, übersubjektive Regeln, an soziale Normen, halten.

Dafür kann er dann aber auch mit einer gewissen Sicherheit im Rücken darauf vertrauen, dass sich die anderen Mitglieder dieser Gesellschaft ebenso regelkonform verhalten. Die Handlungen der anderen werden damit für ihn „vorausschaubar". Er kann so sein Handeln mit den Handlungen und Reaktionen seines Gegenübers koordinieren, seine Aktionen auf die der anderen abstimmen. Ein sicheres und für alle zufriedenstellendes Interagieren wird somit möglich.

Kurz und bündig gesagt: Indem sich der Einzelne sowie alle anderen Menschen einer bestimmten Gesellschaft an übergeordnete Regeln halten, dadurch das Handeln aller Mitglieder konform und gegenseitig „erwartbar" wird, handeln wir „sozial", kann Gemeinschaft und Gesellschaft funktionieren.

Doch was genau sind „soziale Normen"?

Selbst innerhalb der Sozialwissenschaften ist die Definition hierfür uneinheitlich und umstritten. Mit zehn verschiedenen Normdefinitionen, mit verschiedenen Arten von sozialen Normen, mit dem Geltungsbereich einer sozialen Norm und mit einigen Faktoren, die eine Norm stabilisieren, wollen wir uns im ersten Kapitel beschäftigen.

Nur so viel sei hier vorab bemerkt: Soziale Regelmäßigkeiten, gleichgerichtetes soziales Handeln bzw. ein typisches Verhalten in bestimmten Situationen muss noch lange keine Norm darstellen.

Wenn etwa (um ein Beispiel des großen Soziologen Max Weber anzuführen) an einem trüben Tag auf der Straße viele Menschen einen Regenschirm aufspannen, weil es plötzlich zu regnen anfängt, so orientiert sich der Einzelne (normalerweise) nicht an dem Handeln der anderen Passanten, sondern das Handeln aller Personen ist dadurch zu erklären, dass sie sich alle gleichsam (und unabhängig vom Handeln der anderen) vor dem Regen schützen wollen. Dieses Verhalten ist somit kein soziales Handeln und auch keinesfalls ein soziale Norm, sondern nur ein rein zufällig konformes Verhalten.

Damit soziales Handeln zur Norm wird, bedarf es u.a. einer weiteren wichtigen Voraussetzung: Nichtkonformes soziales Handeln muss in irgendeiner Weise von anderen „sanktioniert" werden. Denn erst wenn soziales Handeln kontrolliert und bei Abweichungen sanktioniert wird, das Handeln somit nicht mehr nur von der Willkür des Einzelnen abhängig ist, kann es von den anderen auch mit einer gewissen Sicherheit erwartet werden. Mit Kontrollmechanismen und einigen Sanktionsarten wollen wir uns daher in Kapitel 5 näher beschäftigen.

Wir sprachen bereits von der starken Sehnsucht des Menschen nach einer Einbindung in ein soziales Gefüge und den gesellschaftlichen Erwartungen an sein Handeln in Bezug auf andere Menschen.

> Doch wie ist diese starke Abhängigkeit des Menschen von einer sozialen Gemeinschaft ursprünglich und evolutionär zu erklären?
>
> Welche biologischen, anthropologischen, ethnologischen und soziokulturellen Faktoren waren die primären Ursachen und Voraussetzungen zur Herausbildung einer normativ geprägten gesellschaftlichen Ordnung?
>
> Gibt es so etwas wie eine „normative Grundstruktur", die in allen Gesellschaftsformen (unabhängig von Art, Größe und Kultur) existiert?

Diesen Fragen werden wir in Kapitel 3 nachgehen. Des Weiteren werden wir uns mit dem Problem beschäftigen, wie soziale Normen im Laufe der Sozialisation verinnerlicht werden.

> Wird der Mensch tatsächlich sozusagen als ein „unbeschriebenes Blatt" geboren?
>
> Sind soziale Normen wirklich nur ein Produkt seiner ihn formenden sozialen Umwelt?
>
> Oder gibt es vielmehr auch eine Art angeborene „innere Steuerung" des Menschen?

Mit dieser überaus interessanten Thematik wollen wir uns in Kapitel 4 näher auseinandersetzen. In den anschließenden Kapiteln werden wir uns sodann wieder den sozialen Normen an sich zuwenden und folgende Fragen ins Zentrum stellen:

> Welche Arten von sozialen Normen gibt es? Können einzelne soziale Normen sich gegenseitig widersprechen, sozusagen miteinander „konkurrieren"?

Der Mensch als Träger verschiedener sozialer Rollen (z.B. als Postbote, Ehemann, Freund, Nachbar, Mitglied eines Sportvereins) steht ständig im Kreuz verschiedener sozialer Erwartungen.

Während beispielsweise der Arbeitgeber unseres Postboten von ihm erwartet, dass er am Samstagvormittag Briefe austrägt, würde es seine Frau dagegen gern sehen, wenn er zu dieser Zeit den Rasen im Garten mähen würde. Die Mitglieder seines Sportvereins hätten seine Hilfe am gleichen Samstagvormittag bei der Vorbereitung eines Vereinsfestes, das am Abend stattfinden soll, ebenfalls nötig. Wie kann er nun diesen unterschiedlichen Erwartungen allesamt entsprechen? Oder allgemein gefragt:

> Wie kann ein Einzelner den diversen Anforderungen sich widersprechender Rollennormen standhalten, die an ihn im Alltag gestellt werden? Wie kann er allen gerecht werden – und muss er dies überhaupt?

In Kapitel 8 und 9 wollen wir uns mit dem Wandel sozialer Normen (in der Moderne) beschäftigen und den Fragen nachgehen, wie und warum sich Normen überhaupt wandeln, verändern, unter Umständen auch untergehen und neuen Normen Platz schaffen.

Besonders im Übergang zur Moderne kam es zu grundlegenden gesellschaftlichen Veränderungen (Traditionen gingen verloren, religiöse Werte bekamen einen geringeren gesellschaftlichen Stellenwert), was einen tief greifenden Wandel und auch Verlust bestimmter sozialer Normen mit sich brachte. Welche konkreten Faktoren dabei eine Rolle spielten, wird in Kapitel 8 näher dargelegt werden.

In Kapitel 9 wollen wir uns dann noch abschließend mit dem besonderen Status sozialer Normen in der heutigen, postmodernen und globalisierten Gesellschaft beschäftigen und folgenden Fragen nachgehen:

> Welche Bedeutung haben soziale Normen in unserer heutigen Gesellschaft?
>
> Was können und müssen soziale Normen in einer so stark pluralistisch gewordenen Gesellschaft leisten?
>
> Wie kann sich eine international ausgerichtete Gesellschaft, die durch die modernen Massenmedien (wie das Internet) nahezu keine Raum- und Zeitgrenzen mehr kennt, auf bestimmte überkulturelle Normen einigen?
>
> Wie kann man in einer multikulturellen, pluralistischen Gesellschaft angesichts der Vielzahl an unterschiedlichen Wertvorstellungen einen Normkonsens finden? Ist dies überhaupt möglich?
>
> Muss eine solche Gesellschaft nicht zwangsläufig in einem normativen Chaos versinken?
>
> Oder kann dies vielmehr auch als gesellschaftliche Chance verstanden werden?

Wir sehen: Soziale Normen, die auf den ersten Blick auf ein eher trockenes Thema zu verweisen scheinen, sind doch im Alltag allgegenwärtig und bestimmen nicht unwesentlich unser Sein und Handeln.
Ein wohl sicher triftiger Grund, sich näher mit ihnen zu beschäftigen …

2 WAS SIND SOZIALE NORMEN?

Diese Frage scheint sich nicht so leicht beantworten zu lassen, denn es gibt, wie bereits erwähnt wurde, in den verschiedenen Disziplinen (und sogar innerhalb der Sozialwissenschaften) viele sehr unterschiedliche Normdefinitionen. Einige hiervon wollen wir uns zunächst einmal näher anschauen und kritisch hinterfragen.

Beginnen wir mit M. Sherif, der als Erster soziale Normen ins Zentrum einer experimentellen Untersuchung rückte. 1936 stellte Sherif in einer systematischen Forschungsuntersuchung fest, dass Personen, die in einem dunklen Raum die Bewegung einer Lichtquelle bestimmen sollten, allmählich zu einer Urteilsgleichheit gelangten. Denn bei der anschließenden Befragung stimmten die Meinungen aller Probanden dahingehend überein, welche die Distanz das Licht zurückgelegt hatte – und das obwohl sich die Lichtquelle tatsächlich überhaupt nicht bewegt hatte!

Wie lässt sich dieses Phänomen erklären?

Wie konnte es passieren, dass alle Personen übereinstimmend eine Bewegung zu sehen glaubten, die gar nicht existierte?

Offenbar wurden die aufkommenden Unsicherheiten bei der Beurteilung dadurch beseitigt, dass man sich an der Wahrnehmung der anderen Personen orientiert hat (nach der Devise: „Wenn die anderen das gesehen haben, muss ich es auch gesehen haben“) und man sich schließlich auf eine gemeinsame Beurteilung geeinigt hatte. Sherif spricht hier von einer sozialen Norm. Doch ist eine an andere Personen angepasste Wahrnehmung, eine uniform gewordene Beurteilung einer Situation tatsächlich schon eine soziale Norm?

In der sozialpsychologischen Literatur werden solche Mehrheitsmeinungen vielfach als Norm bezeichnet. Ganz anders werden soziale Nomen innerhalb der Soziologie definiert. Heinrich Popitz beispielsweise bestimmt in seinem Buch „Die normative Konstruktion von Gesellschaft" soziale Nomen zunächst über vier Merkmale.

Ein Merkmal einer sozialen Norm wäre seiner Meinung nach die Orientierung am erwarteten zukünftigen Verhalten anderer Personen. Als Beispiel nennt er eine alltägliche Situation: Das Warten an einer Straßenbahnhaltestelle. Dieses Warten macht nur dann Sinn, wenn man auch unterstellen kann, dass der Fahrer an der Haltestelle anhalten und mich einsteigen lassen wird.

Das zweite Merkmal einer sozialen Norm sieht Popitz in den Verhaltensregelmäßigkeiten. Verhaltensorientierung kann seiner Meinung nach nur dann funktionieren, wenn man damit rechnen kann, „dass sich in bestimmten Situationen ein bestimmtes Verhalten gleichartig wiederholt"[1]. Nur so kann man darauf vertrauen, dass der andere so und nicht anders agieren bzw. reagieren wird.

Das heißt natürlich nicht, dass sich Personen in wiederkehrenden gleichartigen Situationen stereotyp, d.h. immer absolut gleich verhalten müssen, wie etwa im Straßenverkehr oder wie im obigen Beispiel beim Einkauf beim Bäcker (hier grüße ich beim Betreten des Ladens an einem Tag zuerst, an einem anderen Tag kommt mir die Verkäuferin zuvor, mal verlange ich zwei Brötchen, dann vielleicht ein Brot und ein Stück Kuchen, an einem Tag ist die Verkäuferin gut gelaunt und besonders freundlich, an einem anderen Tag nur höflich).

Um soziale Verabredungen hinsichtlich unseres Verhaltens im Alltag treffen zu können, reicht es vielmehr aus, dass „wir in wesentlichen Punkten so ziemlich das Gleiche tun"[2]. D.h. es müssen in ähnlichen Situationen bestimmte abstrakte Merkmale gleich sein (z.B. in der Bäckerei das Grüßen, das Verlangen und Erhalten der Ware, das Bezahlen etc.). Nur wenn ein bestimmtes Verhalten für gleichartige Situationen gesellschaftlich standardisiert ist, kann man wissen und erwarten, welches Verhalten in welcher Situation erwartet wird und man selbst erwarten kann. Und nur so kann soziales Verhalten gegenseitig weitestgehend sicher aufeinander abgestimmt werden.
Popitz fasst dies wie folgt zusammen:

> „Soziale Verhaltensregelmäßigkeiten sind ein Konstrukt, das auf einer sozialen Verabredung über bestimmte Abstraktionen beruht. Wir lernen diese Abstraktionen in gleichem Zuge verstehen, in dem wir lernen, worauf es in bestimmten Situationen ankommt."[3]

1 Popitz, Heinrich: Die normative Konstruktion von Gesellschaft, S. 4.

2 Ebenda, S. 4.

3 Ebenda, S. 5.

Als ein drittes Merkmal einer sozialen Norm nennt Popitz den desiderativen Charakter. Wenn wir ein bestimmtes Verhalten erwarten, wir uns also an einem zukünftigen Verhalten anderer orientieren, stufen wir eine bestimmte Verhaltensweise als wahrscheinlich ein. Diese Einstufung hat jedoch den Charakter einer Hypothese, da wir nur wünschen können, dass sich der andere tatsächlich so verhält, es aber nie absolut sicher annehmen können. Hält sich unserer soziales Gegenüber nicht an die Norm, so sind wir enttäuscht, evtl. aber auch erleichtert oder erfreut, je nach Situation und eigenem Vorteil.

Wenn ich mir beim Bäcker ein Stück Kuchen kaufe und zu Hause feststelle, dass er schon sehr alt schmeckt, bin ich über die Verletzung der Norm, nur frische Ware zu verkaufen, enttäuscht. Hat mir dagegen die Bäckereiverkäuferin ein frisches und überdurchschnittlich großes Stück Kuchen verkauft, freue ich mich, dass sie die Norm, aus einem Kuchen 12 Stücke zu schneiden, offenbar gebrochen hat. So kann man mit den Worten von Popitz sagen:

> „Die Erwartungen, die Verhaltensorientierungen bestimmen, sind überwiegend mehr als ein bloßes Wahrscheinlichkeitskalkül. Wir wollen, was wir erwarten, oder wir befürchten es. Verhaltenserwartungen sind meist desiderativ. Sie sind verbunden mit Wertungen, Wünschen, Forderungen."[4]

Als viertes und letztes Kennzeichen einer sozialen Norm bestimmt Popitz das Sanktionsrisiko. Solange der andere frei handeln kann, kann er auch in unserem Sinne enttäuschend handeln. Um meine Enttäuschung und/oder Ablehnung des unerwünschten Verhaltens zum Ausdruck zu bringen, habe ich die Möglichkeit, dieses in meinen Augen negative Verhalten des anderen zu „bestrafen". Hat die Bäckerei beispielsweise die Preise überdurchschnittlich erhöht, kann ich den Laden wieder verlassen, ohne etwas zu kaufen, und so meinen Unmut über die Preiserhöhung zeigen.

So logisch und nachvollziehbar diese vier Merkmale einer sozialen Norm auch sein mögen, so schlecht umsetzbar sind sie bei einer empirischen Forschungsuntersuchung.

Dies war auch Popitz selbst klar, der an dieser Stelle von einer „Beweislast"[5] und „Demonstrationslast"[6] spricht, „der wir in zahlreichen Fällen aus Mangel an Informationen nicht gewachsen wären"[7].

---

4 Popitz, Heinrich: Die normative Konstruktion von Gesellschaft, S. 8.

5 Ebenda, S. 12.

6 Ebenda, S. 12.

7 Ebenda, S. 12.

Wie kann etwa der desiderative Charakter in einer Statistik verarbeitet werden, oder die Orientierung am zukünftigen Verhalten anderer als statistische Größe in eine Untersuchung aufgenommen werden?

Aufgrund dieser Operationalisierungsproblematik reduziert Popitz seine Normdefinition in einem zweiten Schritt nunmehr auf zwei klar beobachtbare, abgrenzbare Merkmale, die die Verbindung zwischen Theorie und Praxis erleichtern: auf die Merkmale „Verhaltensregelmäßigkeiten" und „Sanktionen". Unter „Sanktionen" will er bei dieser (Nominal-)Definition einer Norm jedoch den Vollzug von Sanktionen verstehen und nicht nur eine Sanktionsbereitschaft oder Sanktionsdrohung. Abschließend definiert er soziale Normen wie folgt:

> „Soziale Normen nennen wir soziale Verhaltensregelmäßigkeiten, die in Fällen abweichenden Verhaltens durch negative Sanktionen bekräftigt werden."[8]

Doch auch diese Definition ist nicht unproblematisch. Zwar räumt Popitz selbst ein, dass dies natürlich nicht heißen muss, „dass in jedem Fall der Abweichung eine Sanktion erfolgt"[9], da es „wahrscheinlich noch nie eine soziale Norm gegeben hat, die im Laufe ihrer irdischen Lebensbahn in allen Fällen der Abweichung sanktioniert worden ist"[10]. Es muss nur eine „relative Häufigkeit, mit der eine Norm sanktioniert wird"[11] gegeben sein (womit er sich selbst widerspricht). Diese kann hoch oder niedrig sein und bestimmt dann den „Grad der Sanktionsgeltung"[12]. Doch wie hoch muss diese Häufigkeit sein, um eine Norm tatsächlich festigen zu können? Diese Antwort bleibt uns Popitz schuldig.

Auch den Aspekt der Sanktionsschärfe lässt Popitz hier leider außer Acht. Denn bei einer sehr scharfen, schwer wiegenden Sanktion, die anderen (potentiellen Normbrechern) als Abschreckung dient, reicht sicherlich eine geringe Sanktionshäufigkeit aus, während bei geringfügigen Sanktionen, die den Normbrecher wenig tangieren, eine höhere Sanktionswahrscheinlichkeit vonnöten ist, um die Norm zu festigen.

Ein weiterer Schwachpunkt dieser Definition liegt in dem Kriterium der „Regelmäßigkeit". Popitz selbst sieht dies und stellt die Frage in den Raum:

---

8 Popitz, Heinrich: Die normative Konstruktion von Gesellschaft, S. 21.

9 Ebenda, S. 21.

10 Ebenda, S. 21.

11 Ebenda, S. 21.

12 Ebenda, S.21.

> „Wie oft müssen sich gleichartige Verhaltensweisen in gleichartigen Situationen wiederholen, damit wir von "Regelmäßigkeiten" sprechen können?"[13]

Kann man schon etwas nach der ersten Wiederholung, d.h. wenn etwas in der gleichen Situation zweimal geschieht, als Regelmäßigkeit bezeichnen? Das wäre sicherlich sehr gewagt, kann es sich doch hier auch um reinen Zufall handeln. Oder sollten wir hier das Kriterium Geigers zugrunde legen, wonach eine bestimmte Verhaltensweise in einer bestimmten Situation häufiger ist als alle anderen Verhaltensweisen? Doch wird sie dadurch tatsächlich schon zu einer sozialen Verhaltensregelmäßigkeit?

Sicherlich nicht in jedem Fall, zumal auch zu bedenken ist, dass wiederholt gezeigtes Verhalten nicht immer eine soziale Verhaltensregelmäßigkeit darstellen muss. Es kann sich evtl. nur um eine rein individuelle Gewohnheit handeln, wobei hier die Grenzen wiederum fließend sind. Was auf den ersten Blick ein rein subjektives Merkmal zu sein scheint, kann sich bei näherer Betrachtung als typisch für eine bestimmte soziale Gruppe (z.B. bei einer Modeerscheinung bei speziellen Jugendgruppen) erweisen, bzw. kann sich aus einem ursprünglich subjektiven Verhalten durch Nachahmung schnell zu einer sozialen Verhaltensregelmäßigkeit entwickelt haben.

Wir sehen: Jede dementsprechende Definition kann nur vorläufig und unvollständig bleiben und sollte im Einzelfall anhand weiterer Kriterien überprüft werden.

Andere Soziologen bestimmen den Normbegriff nicht primär über den Faktor der Verhaltensregelmäßigkeit, sondern sehen Normen in erster Linie als Verhaltensforderung. So definiert beispielsweise G.C. Homans eine Norm wie folgt:

> „Eine Norm ist also eine Idee in den Köpfen der Gruppenmitglieder, eine Idee, die in die Form einer Aussage darüber gebracht werden kann, was andere Menschen tun sollten und tun müssten, was man unter gewissen Umständen von ihnen erwartet."[14]

Ähnlich formuliert dies auch Talcott Parsons in seinem Buch „The Structure of Social Action":

---

13 Popitz, Heinrich: Die normative Konstruktion von Gesellschaft, S. 24.

14 Homans, G.C.: Theorie der sozialen Gruppe, S. 136.

„A norm is a verbal description of the concrete course of action thus regarded as desirable, combined with an injunction to make certain future actions conform to this course."[15]

Bei beiden Definitionen steht somit die Forderung nach einem bestimmten Verhalten im Vordergrund, die Verhaltensregelmäßigkeit ist dabei sekundär, ist allenfalls Resultat dieser Forderung.

Gerd Spittler definiert in seinem Buch „Norm und Sanktion" eine Norm ebenfalls als Verhaltensforderung, bringt jedoch den Aspekt der Regelmäßigkeit mit in seine Definition hinein, indem er Normen als „Verhaltensforderungen für wiederkehrende Situationen"[16] festlegt.

Durch das Kriterium der „wiederkehrenden Situationen" will er dabei Normen von Befehlen unterscheiden, die seiner Meinung nach ebenfalls Verhaltensforderungen darstellen, „sich aber auf eine einmalige Situation beziehen"[17].

Eine völlig andere Vorstellung von Normen legt James S. Coleman in seinem 1990 erschienen Buch „Foundations of Social Theory" dem Leser dar. Coleman sieht in einer Norm „die Eigenschaft eines sozialen Systems, nicht eines Akteurs in diesem System"[18]. Er glaubt, dass eine Norm „auf einer makrosozialen Ebene existiert und das Verhalten von Individuen auf einer mikrosozialen Ebene steuert"[19].

Soziale Normen legen seiner Ansicht nach fest, „welche Handlungen von einer Menge von Personen als angemessen oder korrekt oder als unangemessen oder inkorrekt angesehen werden"[20]. Sie werden bewusst von Personen erzeugt und unterstützt, insofern sich diese Personen „einen Gewinn versprechen, solange die Norm befolgt wird, und sich beeinträchtigt fühlen, wenn sie verletzt wird"[21].

Normen existieren nach Coleman in Bezug auf spezifische Handlungen und werden in der Regel mit Hilfe von Sanktionen durchgesetzt, wobei korrekte Handlungen belohnt, inkorrekte Handlungen bestraft werden. Wichtig ist Coleman hierbei jedoch, dass „das sozial definierte Recht auf Kontrolle der Handlung nicht vom Akteur, sondern von anderen behauptet wird"[22]. Dies wiederum setzt jedoch voraus, „dass in dem

15 Parsons, T.: The structure of social action, S. 75.

16 Spittler, Gerd: Norm und Sanktion, S. 14.

17 Ebenda, S. 14.

18 Coleman, James S.: Grundlagen der Sozialtheorie, S. 311.

19 Ebenda, S. 311.

20 Coleman, James S.: Grundlagen der Sozialtheorie, S. 313.

21 Ebenda, S. 313.

22 Ebenda, S. 313.

sozialen System oder Subsystem ein Konsens besteht, dass andere das Kontrollrecht über die Handlung innehaben"[23].

Coleman unterscheidet zwischen proskriptiven Normen, die Handlungen verhindern bzw. verbieten, und präskriptiven Normen, die Handlungen verbreiten/unterstützen. Die so genannten Zielakteure sind den Normen ausgesetzt, die Nutznießer profitieren von der Norm. Ist der Zielakteur zugleich auch Nutznießer dieser Norm, spricht Coleman von „konjunkten Normen"[24], unterscheiden sich dagegen Nutznießer und Zielakteur, spricht er von „disjunkten Normen"[25].

Das Bedürfnis nach einer Norm entsteht seiner Meinung nach dann, wenn Personen positive externe Effekte durch eine bestimmte Handlung erfahren. In manchen Situationen jedoch kann es durchaus vorkommen, dass eine Handlung für eine bestimmte Personengruppe positive Effekte hat und sich durch dieselbe Handlung gleichzeitig für eine andere Personengruppe negative Effekte ergeben. Als Beispiel hierfür führt Coleman die Situation einer Schülerin an, die in folgenden Normkonflikt gerät: Um die Anerkennung ihrer Freunde zu bekommen und die Partystimmung nicht zu gefährden, möchte sie Marihuana rauchen. Was jedoch für die Gruppe ihrer Freunde einen positiven Effekt erzielt, ist andererseits für ihre Eltern (falls sie davon erfahren sollten) äußerst negativ: Ihr Stolz und ihr Vertrauen gegenüber ihrer Tochter würden erheblichen Schaden nehmen. Was die Freunde erfreuen würde, würde ihre Eltern zutiefst traurig und unglücklich machen.

Coleman spricht hier von einer Interessensstruktur, die durch die externen Effekte einer Norm erzeugt wird und unterschiedliche Aspekte aufweisen kann. Über diese so genannten externen Effekte erklärt er auch die Entstehung von Normen. Denn seiner Ansicht nach entsteht erst dann ein Interesse bzw. ein Bedürfnis nach einer sozialen Norm, wenn „eine Handlung für eine Menge anderer Personen ähnliche externe Effekte aufweist"[26].

Des Weiteren unterscheidet Coleman zwischen konventionellen und essentiellen Normen. „Wenn eine Konvention die Richtung einer Norm festgelegt hat"[27], spricht er von einer konventionellen Norm. Konventionelle Normen werden oft willkürlich festgelegt und dann durch Konven-

23 Coleman, James S.: Grundlagen der Sozialtheorie, S. 313.

24 Ebenda, S. 319.

25 Ebenda, S. 319.

26 Ebenda, S. 323.

27 Ebenda, S. 320/321.

tionen verdeutlicht und gestärkt, wie dies etwa bei der Norm, auf der rechten Straßenseite zu fahren, der Fall ist.

Essentielle Normen dagegen hängen von mehr als nur von Konventionen ab. Bei essentiellen Normen bleibt das „Interesse an bestimmten Handlungsrichtungen bestehen, gleichgültig, ob die Norm existiert oder nicht und unabhängig von Handlungsrichtungen, die von anderen gewählt werden“[28].

Als Beispiel hierfür nennt Coleman die grundlegenden Anstandsregeln, weil diese nicht nur die Handlungen der Zielakteure einschränken, sondern dabei auch die Interessen der Personen, mit denen die Zielakteure zu tun haben, berücksichtigen. Die Konformität mit Anstandsregeln erzeugt positive externe Effekte für alle Gesellschaftsmitglieder. Die Zielrichtung dieser Norm hängt somit nicht allein von Konventionen ab, ist nicht willkürlich, sondern an den Interessen der Akteure orientiert und somit im Sinne Colemans existentiell.

Die teilweise nicht klar und eindeutig abgegrenzten Spezifizierungen machen Colemans Normdefinition etwas schwierig (so rechnet Coleman beispielsweise die Kleidervorschriften zu den konventionellen Normen, die Anstandsregeln aber zu den existentiellen, wobei hier Unterschiede sicherlich fließend sein können).

Wenden wir uns daher nun noch einer weiteren Position zu, und zwar dem völlig andersartig gelagerten Normverständnis von Niklas Luhmann. Seiner Vorstellung nach sind Normen „kontrafaktisch stabilisierende Erwartungen“[29], die jedoch nicht zwingend an Sanktionen gebunden sind. Doch schauen wir uns dies im Einzelnen an:

Luhmann beschäftigt sich in seinem Artikel „Normen in soziologischer Perspektive“ mit der Problematik, unter welchen Voraussetzungen soziale Systeme Normen bilden. Die Bedingungen der Stabilisierung eines Normgefüges ist seiner Meinung nach komplex und kann keinesfalls allein aus einer zufälligen, momentanen Übereinstimmung des Bewusstseins bei der Begegnung Gleichgesinnter erklärt werden. Angesichts der enormen Vielzahl möglicher Handlungsalternativen fühlt sich der Mensch überfordert und sehnt sich nach einer „Stabilisierung von Verhaltenserwartungen“[30], um so gewisse Risiken beim sozialen Handeln eliminieren zu können. Die „Komplexität und Kontingenz“[31] der Handlungsweisen müssen auf ein gewisses Maß reduziert werden, müssen „in

---

28 Coleman, James S.: Grundlagen der Sozialtheorie, S. 321.

29 Luhmann, Niklas: Normen in soziologischer Perspektive, S. 37.

30 Ebenda, S. 30.

31 Ebenda, S. 30.

tragbare Verhaltenslasten umgearbeitet werden“[32]. Aus dieser „selektiven Struktur, an die man sich halten und von der aus man sich verteidigen kann“ [33] resultiert nun eine „Erwartungssicherheit“ [34]. Diese wiederum führt jedoch nicht nur zu einer Erleichterung und Reduktion der Komplexität, indem der Mensch nun Informationen der Kommunikation leichter verarbeiten kann und in gewissem Sinne eine Lernfreiheit genießt, da verlässliche Strukturen vorhanden sind, an denen er sich im sozialen Miteinander orientieren kann.

Nein, die durch soziale Normen gewonnene Erwartungssicherheit führt zu einer anderen, neuen Komplexität, führt zum „Reflexivwerden des Erwartens“[35]. So wie ich von anderen ein bestimmtes Verhalten erwarten kann, so muss ich selbst aber auch davon ausgehen, dass die anderen wiederum von mir ein bestimmtes Verhalten erwarten. Oder um es in Luhmannschen Worten zu sagen: „Der Erwartende muss lernen, nicht nur fremdes Verhalten, sondern auch fremde Erwartungen zu erwarten, vor allem die an ihn selbst gerichtete Erwartungen.“[36] Die Normbildung führt somit nicht nur meinerseits zu einer Erwartungssicherheit und reduziert so Komplexität und Lernaufwand, sondern ihr muss notwendigerweise auch ein „Erwarten von Erwartungen“[37] zugrunde liegen, um die Kooperation und die Erhaltung der Ordnung zu stützen. Soziale Normen erleichtern und verkürzen dadurch „zeitraubende und heikle […] Kommunikationsprozesse“[38], denn durch ein gegenseitig erwartbares Verhalten, durch ein Einfühlen in fremdes Reagieren und Agieren, können für eine Vielzahl von Kooperationssituationen „konsensfähige Regeln und Symbole abstrahiert“[39] werden. Diese „symbolischen Kürzel“[40] minimieren die Risiken einer Fehlinterpretation fremden Verhaltens und erhöhen die Wahrscheinlichkeit, sich wechselseitig zu verstehen und eine Basis für eine reibungslose, risikoarme Kooperation zu finden. Diese intersubjektiven Regeln und Symbole können erlernt werden, leisten eine Orientierungshilfe in neuen Situationen, verkürzen die Anpassungszeit an fremdes Verhalten und ermöglichen ein weitgehend reibungsloses Zu-

32 Luhmann, Niklas: Normen in soziologischer Perspektive,, S. 30.

33 Ebenda, S. 31.

34 Ebenda, S. 31.

35 Ebenda, S. 32.

36 Ebenda, S. 32.

37 Ebenda, S. 32.

38 Ebenda, S. 32.

39 Ebenda, S. 32.

40 Ebenda, S. 33.

sammenleben und Kommunizieren in komplexen Sozialsystemen. Kurz gesagt: „Die Einbeziehung fremder Erwartungen […] in die eigene Erwartungsstruktur"[41] sind die Grundlage „entpersonalisierter, in Sollform gesetzter Regeln"[42]. Sie sind die Basis sozialer Normen.

Diese können durch die „Systembildung in einem Feld erwartbarer Interaktion"[43] nicht nur dazu führen, dass ich den anderen erleben kann, wie er sich selbst und auch mich erwartet, sondern sie verwandeln dementsprechend auch unsere Handlungsabstimmung in eine „anerkannte, risikolose, erfolgsträchtige Strategie"[44]. Denn „wer Erwartungen des anderen ablesen, lernen und dann selbst erwarten kann, ist durch Miterwartung fremder Erwartungen in der Lage […] enttäuschungsfreier zu leben"[45], weil durch diese gegenseitige Abstimmung der Verhaltenserwartungen Verhaltenslasten und Risiken minimiert werden.

Schauen wir uns dies an einem einfachen Beispiel an:

Wenn ich auf der Straße einen beliebigen Passanten nach der Uhrzeit frage, kann ich in der Regel davon ausgehen, dass er mir entweder die gewünschte Auskunft geben wird oder mir mitteilt, dass er leider keine Uhr, kein Handy etc. dabei hat und mir daher die genaue Uhrzeit nicht nennen kann. Nicht auszugehen ist davon, dass er einfach schulterzuckend weitergeht oder mich gar beschimpft, weil ich ihn belästigt habe. Er wiederum kann erwarten, dass ich mich in jedem Fall höflich bedanke und weitergehe. Er muss nicht damit rechnen, dass ich ihn zum Dank küssen oder, falls er mir keine Auskunft geben kann, ihn mit einer Ohrfeige bestrafen werde.

So trivial und alltäglich diese einfache Interaktion auch sein mag, so zeigt sie doch deutlich, dass selbst sehr simple Kommunikationsabläufe durch soziale Normen strukturiert sind und diese vereinfacht werden, weil eine gegenseitige, selbstverständliche Erwartungsdimension vorhanden ist. Doch inwiefern sind soziale Normen nach der Luhmannschen Definition kontrafaktisch stabilisierende Erwartungen?

Ich kann meine Reaktionen auf die Erwartungen in Bezug auf den anderen bzw. auf die Erwartungen in Bezug auf mich selbst abstimmen und fundieren. Ich kann dabei aber auch „meine eigenen Erwartungen in

---

41 Luhmann, Niklas: Normen in soziologischer Perspektive, S. 33.

42 Ebenda, S. 33.

43 Ebenda, S. 35.

44 Ebenda, S. 35.

45 Ebenda, S. 32.

Bezug auf den anderen kontrafaktisch festhalten, weil die faktischen Erwartungen des anderen nicht die sind, die ich brauche, um mich selbst erwarten zu können"[46]. Will heißen: „Der Enttäuschungsfall wird als möglich vorausgesehen [...], wird aber im Voraus als für das Erwarten irrelevant erklärt"[47]. Die gegenseitige Erwartbarkeit des Verhaltens ermöglicht eine verkürzte, sich Lernmöglichkeiten ersparende Realitätssicht, doch dies setzt voraus, dass „bestimmte Deutungs- und Verhaltenshilfen für den Enttäuschungsfall gewährleistet"[48] sind.

Wird die Erwartung des Einzelnen enttäuscht, so muss dieser zumindest die Möglichkeit haben, seine Erwartung, wenn er sie auch nicht durchsetzen kann, doch zumindest „als Erwartung beibehalten zu können"[49]. Seine Erwartung muss sich auch im Falle der Nichterfüllung „noch als Element seiner Selbstdarstellung und als Unterlage seines weiteren Verhaltens eignen"[50]. Sie darf sich nicht grundsätzlich als Fehler oder Irrtum erweisen, sondern muss noch ihren Sinn beibehalten und auch zukünftig als stabil und durchsetzbar erscheinen, kurzum: Ihre „Durchhaltbarkeit muss ihrerseits erwartbar sein"[51]. Doch wie kann der Enttäuschte mit seiner Enttäuschung am besten umgehen und dabei an seiner Erwartung festhalten? Nach Luhmann kann „die Enttäuschung am besten dadurch überwunden werden, dass der Enttäuschte sichtbar an seiner Erwartung festhält, indem er ihr handelnd Ausdruck gibt"[52].

Eine Reaktion auf die Enttäuschung muss nach Luhmann in erster Linie das Festhalten an der Erwartung signalisieren. Bei dieser Reaktion muss es sich seiner Meinung nach „nicht um Sanktionen gegen den Normbrecher handeln, erst recht nicht um Versuche, ihn zur Befolgung der Erwartung zu bewegen"[53], denn seiner Ansicht nach würde man dann den Normbegriff „für die starken Naturen reservieren"[54].

Hier geht Luhmann mit einer Vielzahl anderer Soziologen nicht konform, die den Normbegriff eng an Sanktionen binden bzw. zumindest eine Sanktionsbereitschaft zur Stabilisierung einer Norm voraussetzen. Auch seine Behauptung, Sanktionen seien ausschließlich „starken Natu-

46 Luhmann, Niklas: Normen in soziologischer Perspektive, S. 34.

47 Ebenda, S. 37.

48 Ebenda, S. 38.

49 Ebenda, S. 38.

50 Ebenda, S. 38.

51 Ebenda, S. 38.

52 Ebenda, S. 38–39.

53 Ebenda, S. 39.

54 Ebenda, S. 39.

ren" vorbehalten, dürfte sicherlich unter einigen Soziologen zu Diskussionen führen.

Zunächst wäre einmal zu klären, wie Sanktionen zu definieren sind (was wir in einem späteren Kapitel noch eingehend klären werden). Besitzen nur in einer bestimmten Hinsicht überlegene Personen ein Sanktionspotential, oder können nicht auch „Schwächere" auf bestimmte Sanktionsmöglichkeiten zurückgreifen?
Wollen wir uns dazu einmal ein Beispiel aus dem Berufsleben vor Augen führen:

Wenn ich mich etwa von meinem Vorgesetzten ungerecht behandelt fühle, habe ich zwar, als Arbeitnehmer und somit als abhängiges und schwächeres Glied in diesem Verhältnis, keine Möglichkeiten zu einer offenen Sanktion. Ich kann jedoch beispielsweise meine Arbeitsleistung in Zukunft auf das Nötigste beschränken und meine Motivation auf ein Mindestmaß reduzieren, um so mein Missfallen an seinem Verhalten zum Ausdruck zu bringen. Verstehen wir etwa Sanktionen wie im „Wörterbuch der Soziologie" definiert als „gesellschaftliche Reaktionen auf Verhalten, also Zeichen und Aktionen der Bestrafung (negative S.) oder Belohnung (positive S.)"[55], so kann man etwa meine Weigerung, freiwillige Mehrarbeit zu leisten, um meinem Vorgesetzten zu demonstrieren, dass ich mit seinem Verhalten nicht einverstanden bin (da ich von ihm erwarte, dass er sich mir gegenüber gerecht und freundlich verhält und er dieser Erwartung nicht entsprach), sicherlich durchaus als eine Form der negativen Sanktion ansehen.

Luhmann führt ein anderes Beispiel an, das wir uns einmal (in verkürzter Form) näher anschauen wollen:

> „Bin ich mit einem Freund in einem Café verabredet und treffe ihn dort nicht an, kann ich […] ihm später Vorwürfe machen, kann ihm aber auch eine Entschuldigung abnehmen oder in den Mund legen […] Ich kann im Café sitzen bleiben und endlos warten, um die Bedeutung der Norm an der Größe meines Opfers aufzuzeigen. Ich kann aber auch auf der Stelle wieder gehen und den zu spät Kommenden seinem Schaden überlassen."[56]

Was Luhmann hier als „Techniken des Anmahnens der Normerfüllung"[57] bezeichnet, sind, unter einem anderen Blickwinkel gesehen, nichts anderes als negative Sanktionen.

---

55 Endruweit, G./Trommsdorff, G.: Wörterbuch der Soziologie, S. 555.

56 Luhmann, Niklas: Normen in soziologischer Perspektive, S. 39.

57 Ebenda, S. 39.

Alfred Bellebaum beispielsweise betont in seinem Buch „Soziales Handeln und soziale Normen“, dass die Palette möglicher Sanktionen „bekanntlich groß und bunt“[58] sei und rechnet u.a. auch folgende Maßnahmen der Missbilligung eines Verhaltens zu den negativen Sanktionen: „traurige Miene, Tadel [...] Grußverweigerung, Abbruch der Kontakte [...] üble Gerüchte verbreiten usw.“[59]

Hier zeigt sich, dass offenbar die Definition bestimmter Begrifflichkeiten zu abweichenden Auffassungen führt, der Grundgedanke jedoch gleich ist.

Doch wenden wir uns nun einem – wiederum – völlig anders ausgerichteten soziologischen Modell der sozialen Normen zu, dem utilitaristischen Modell von Karl-Dieter Opp.

Auch Opp begreift soziale Normen als Verhaltensregelmäßigkeiten, setzt hierbei jedoch einen völlig anderen Schwerpunkt. Für ihn sind Normen Verhaltensregelmäßigkeiten, die aufgrund einer direkten Belohnung oder durch die Nachahmung erfolgreicher Modelle anderer entstehen. Im Vordergrund stehen nach seinem Modell die externen Effekte, die seiner Auffassung nach nicht nur durch Verhaltensregelmäßigkeiten, sondern auch aufgrund von Abweichungen von diesen entstehen können.

Sobald eine Norm einen großen Nutzen gewährleistet, wird automatisch auch der Aufwand zur Durchsetzung dieser Norm erhöht. So kann man sagen: Je höher die „Kosten“ (Nachteile) bei einem Normbruch sind, desto größer (schärfer) sind die Sanktionen.

Für die Entstehung und Etablierung einer Norm heißt dies: Je höher die positiven (oder negativen) externen Effekte eines Verhaltens für eine Gruppe ist, desto stärker wird auch das Verhalten von den Gruppenmitgliedern gebilligt (bzw. missbilligt). D.h. je höher die „Belohnung“ für eine Verhaltensregelmäßigkeit ist, desto eher wird sie befolgt und desto schärfer wird ein Abweichen davon „bestraft“.

Dabei sind jedoch nach Opp noch zwei weitere Faktoren von entscheidender Bedeutung: Die Kommunikationsstruktur und die Kohäsion in einer Gruppe. Je intensiver die Kommunikation und je enger der Zusammenhalt innerhalb der Gruppe ist, desto eher werden Verhaltensregelmäßigkeiten von den Gruppenmitgliedern übernommen und desto eher werden Vorkehrungen zu einer Durchsetzung dieser Norm getroffen.

---

58 Bellebaum, Alfred: Soziales Handeln und soziale Normen, S. 59.

59 Ebenda, S. 59.

Ferner unterscheidet Opp zwischen Wert und Norm. Werte sind seiner Meinung nach relativ generelle, und Normen relativ spezielle Erwartungsäußerungen, wobei ein Wert die Rechtfertigung für eine Norm darstellt. Es besteht seiner Ansicht nach ein Verhältnis zwischen Wert und Norm, wobei Normen sozusagen Werte gedanklich mit einbeziehen.

Der „Entlastungsthese" (die besagt, dass Unsicherheiten bezüglich des Verhaltens anderer bestehen und sich Normen deshalb zur Verminderung dieser Unsicherheiten bilden) stimmt Opp nur insoweit zu, sofern diese Unsicherheiten auch „Kosten" verursachen.

Weitere entscheidende Faktoren sind für Opp die Bevölkerungsgröße und die gesellschaftliche Arbeitsteilung, die grundlegend die Höhe der Interdependenz (der gegenseitigen Abhängigkeit) bestimmen. Vereinfacht gesagt: Nach Opp sind die Kosten eines Normbruchs umso größer, je höher die Abhängigkeit der Mitglieder untereinander innerhalb einer Gruppe/Gesellschaft ist. Dementsprechend wahrscheinlicher ist es dann auch, dass sich das Verhalten der Gruppenmitglieder an dieser Norm orientieren wird. Das Befolgen einer Norm richtet sich nach dem utilitaristischen Modell somit in erster Linie nach dem Nutzen, den eine Norm bringt, und den Kosten, die die Nichtbefolgung einer Norm verursachen würde.

Unter einer wiederum anderen Perspektive untersuchte Edna Ullmann-Margalit in ihrem funktionalistisch ausgerichteten Ansatz die Entstehung und Funktion von Normen. Nach ihrer Definition stellt eine Norm eine Art Verhaltensleitlinie dar, nach der sich alle Mitglieder einer Gesellschaft richten. Bestimmte Normtypen können dabei Problemlösungen für spezifische Interaktionskonstellationen sein, oder kurz gesagt: Normen können in bestimmten Situationen Interaktionsprobleme lösen.

Ullmann-Margalit untersucht drei problemlastige Situationen näher, in denen jeweils eine bestimmte Art von Norm zu einer Problemlösung führen konnte. Die erste Situation stellt das so genannte „prisoners dilemma" (Gefangenen-Dilemma) dar. Hier muss man sich folgende Situation vor Augen führen:

Ein inhaftierter Beschuldigter steht vor folgenden Alternativen: Er kann zum einen als Kronzeuge aussagen und die Tat gestehen. Gesteht der andere Beschuldigte nicht, so kommt er frei, der andere jedoch muss mit einer Haftstrafe von zehn Jahren rechnen. Wenn beide gestehen, so werden beide jeweils zu fünf Jahren Gefängnis verurteilt. Gesteht keiner, werden beide mit nur jeweils zwei Jahren Haft bestraft. Unabhängig davon, ob zwischen den beiden Inhaftierten eine Kommunikationsmöglichkeit besteht oder nicht (da selbst bei einer Absprache nicht sicher davon auszugehen ist, dass sich der andere auch daran halten wird), entsteht in dieser Situation nun folgendes Problem:

> Wie kann der kooperative Zustand des kollektiven Ertragsgewinns (jeder erhält nur zwei Jahre Haft) vor den Eigeninteressen der Akteure (d.h. selbst frei zu kommen, während der andere zehn Jahre einsitzt) geschützt werden?

Nach Ullmann-Margalit können hier die so genannten PD-Normen (norms of obligation) zu einer Stabilisierung des kooperativen Zustandes beitragen, indem sie die Wahlmöglichkeiten der Akteure einschränken und die Ertragsstruktur verändern.

Mit anderen Worten: Normen können, sofern sie von (fast) allen befolgt werden, einen labilen Kooperationszustand stabilisieren und diesen davor bewahren, in einen für alle schädigenden Zustand zu degenerieren.

Nach Ullmann-Margalits Auffassung rufen PD-Situationen geradezu nach einer Entstehung und Etablierung von Normen, besonders je größer und umfangreicher die Population wird. Denn je mehr Akteure beteiligt sind, desto wahrscheinlicher wird die bestehende Kooperation durch unkontrollierbare Eigeninteressen einzelner Akteure gefährdet. Desto dringender wird dann auch das Bedürfnis nach irgendeiner unpersönlichen Einrichtung sein (wie etwa sozialen Normen), die die gewünschte Kooperation herbeiführen könnte. Doch wie genau entstehen diese PD-Normen?

Ihr Entstehen resultiert nach Ullmann-Margalits Auffassung aus der Tatsache, dass die Erwirtschaftung optimaler kooperativer Erträge immer gefährlich und instabil bleibt (weil immer wieder einzelne Akteure unkooperativ und rein eigennützig handeln). Dies generiert Normen, die als eine Art stabilisierende Einrichtung die Handlungsmöglichkeiten einschränken und schädliche Einflüsse eliminieren. Solange sich genügend Mitakteure finden lassen, die ebenso kooperativ handeln, kann sich ein stabiles Gleichgewicht der wechselseitig förderlichen Kooperation etablieren, auch wenn es natürlich immer wieder vorkommen kann, dass sich einzelne Akteure schädigend und unkooperativ verhalten, wenn sich eine günstige Gelegenheit zur eigenen Nutzenmaximierung bietet.

Bei dieser Theorie bleibt allerdings die Frage offen (wie beispielsweise auch Michael Schmid kritisiert), aufgrund welcher Fakten oder auf welcher Basis sich die Akteure primär auf die Einhaltung von Normen einlassen sollten, die sie ja daran hindern, ihre Eigeninteressen optimal zu befriedigen. Wodurch genau sollten sie sich zur Kooperationsbereitschaft motivieren lassen? Mit dieser überaus spannenden Frage wollen wir uns an anderer Stelle noch ausführlicher befassen.

Nach Ullmann-Margalit hängt die Geltung von Normen von einer erfolgreichen Sanktionierung ab, die einen Normbruch risikoreich und unattraktiv macht. Unklar bleibt hier allerdings, wer es in einer PD-Situation auf sich nehmen sollte, solche Abweichungen zu ahnden. Auch Michael Schmid betont in seinem Text „Das Problem der Normentstehung" hierzu, dass die Sanktionierung von Devianzen in diesen Situationen „ein Legitimationsproblem aufwirft"[60], da Sanktionen zu „puren Schädigungen verkommen, solange die Anrechte nicht feststehen, aufgrund derer sanktioniert werden darf und entsprechende Maßnahmen zu dulden sind"[61]. Oder anders formuliert: Wer darf wann und mit welchen Mitteln einen Normbruch sanktionieren – und wann wäre diese Sanktion keine Sanktion, sondern nur eine (gesellschaftlich sinnlose) persönliche Bestrafung?

Nichtsdestotrotz bleibt dieses Modell der PD-Normen von großem Interesse, zumal ein Kooperationsproblem einer PD-Situation in realitas natürlich nicht nur in Gefängnissituationen existiert, sondern in vielgestaltiger Form auch im Alltag vorkommt. Immer dann, wenn autonome Akteure aufeinanderstoßen, die keinen unmittelbaren Einfluss auf die Entscheidung und das Handeln ihrer Mitakteure haben, müssen diese in Unsicherheit darüber handeln, ob sich nicht der andere unkooperativ verhält, um eine eigene Nutzenmaximierung zu erreichen. Sie müssen daher damit rechnen, dass eine für alle optimale, wechselseitig dienliche Abstimmung nicht zustande kommt.

Ein einfaches Beispiel aus dem Alltag bzw. Berufsleben hierfür wäre folgende Situation: In einer Firma, in der es sehr darauf ankommt, ein bestimmtes Arbeitspensum innerhalb eines vorgegebenen Zeitrahmens zu schaffen, helfe ich einem Kollegen, der ohne meine Hilfe sein Pensum voraussichtlich nicht rechtzeitig erledigen wird. Durch die ihm geleistete Hilfe erreiche ich, weil ich an diesem Tag besonders effektiv gearbeitet habe, zwar auch mein vorgegebenes Pensum, verzichte aber auf einen Bonus, den ich für eine Mehrleistung erhalten würde. Im Gegenzug erwarte ich, dass dieser Kollege, wenn ich zu einem späteren Zeitpunkt in eine ähnliche Situation geraten sollte, auch mir helfen wird. Ein paar Tage später ergibt sich eine solche Situation, er hilft mir jedoch nicht, weil er einen Sonderbonus für eine überdurchschnittliche Arbeitsleistung erhalten möchte – ich dagegen bekomme einen Verweis von meinem Vorgesetzten wegen zu geringer Arbeitsleistung.

---

60 Schmid, Michael: Das Problem der Normentstehung, S. 12.

61 Ebenda, S. 12.

Wie könnte so eine enttäuschende Situation im Vorhinein verhindert werden? Im Prinzip würde es schon reichen, dass in diesem Arbeitsbetrieb eine informelle Norm unter den Kollegen herrscht, die besagt, dass sich alle Arbeiter gegenseitig helfen, damit jeder sein auferlegtes Pensum erreicht. Hält sich ein Arbeiter nicht daran, würde er durch informelle Sanktionen (z.B. dadurch, dass man ihn weniger freundlich grüßt, seine Pause nicht mit ihm verbringen möchte oder ihn von bestimmten Gesprächen ausschließt) für diesen Normbruch bestraft werden. Eine PD-Norm kann hier also ein Dilemma verhindern.

Eine weitere Situation, mit der sich Ullmann-Margalit beschäftigt, betrifft das so genannte „coordination problem". Hier wird folgende Situation beschrieben: Es betrifft mindestens zwei Personen. Jeder Akteur kann zwischen zwei oder mehreren Alternativen wählen. Die Hauptintention der Akteure ist es, einen Zustand der Koordination zu erreichen, es existiert jedoch eine starke Abhängigkeit aufgrund der gegenseitigen Erwartungshaltungen.

Hier können Normen den Akteuren als Orientierungsleitlinien dienen. Ein Beispiel hierfür wären die Konventionen, deren Sanktionen jedoch informell, unorganisiert und nicht gesetzlich fixiert sind. Ein anderes Beispiel wären Dekrete (Erlasse), deren Sanktionen gesetzlich festgelegt und organisiert sind. „Coordination norms" haben in erster Linie eine sozial integrative Funktion und sind ein Instrument, das den Gemeinschaftswillen zum Ausdruck bringt.

Sanktionen haben hier nur eine sekundäre Bedeutung, denn ein konformes Verhalten im Sinne der normativen Richtlinien dient den Interessen (bzw. der Eigenmaximierung) aller beteiligter Akteure. Ein Beispiel hierfür wäre etwa das (freundliche) Grüßen der Nachbarn untereinander.

In eine weitaus problematischere Situation greifen die „norms of inequality or partiality" ein. Hier herrscht in der Ausgangssituation ein Zustand relativer Ungleichheit zwischen den Akteuren. Während die benachteiligte Partei ein Interesse an der Verbesserung der eigenen Position hat, hat die bevorzugte Partei ein Interesse am Erhalt der ungleichen Situation. Das Problem hierbei ist jedoch, dass die bevorzugte Partei ihre vorteilhafte Position nur in Kooperation mit der benachteiligten Partei aufrechterhalten kann.

Wie kann nun der Ungleichheitszustand zugunsten der einen Partei stabil erhalten bleiben? Nach Ullmann-Margalits Auffassung durch die so genannten „norms of partiality", in der deutschsprachigen Literatur parteiliche Normen oder auch Normen der Ausbeutung genannt. Diese dienen in einem Interessenkonflikt in Ungleichheitssituationen der bevorzugten Partei, indem sie deren „ertragreiche" Position auf Kosten der benachteiligten Partei erhalten. Sie richten sich oft auf die Moral und Ethik eines Individuums. Ein Beispiel für diese Situation wäre die Norm, dass Soldaten die Befehle ihrer Vorgesetzten anstands- und widerspruchslos zu befolgen haben.

Schauen wir uns als zehnte und letzte Position zum Thema soziale Normen den spiel- und evolutionstheoretischen Ansatz von Robert Axelrod an. Seine Normdefinition ist zwar ähnlich wie bei Popitz und Spittler darauf ausgerichtet, wie Individuen üblicherweise handeln und eine Bestrafung bei Abweichung von diesem Handeln erfolgt („Eine Norm existiert in einem gegebenen sozialen Zusammenhang in dem Ausmaß, wie Individuen üblicherweise in einer bestimmten Weise handeln und häufig bestraft werden, wenn es offenkundig wird, dass sie nicht in dieser Weise handeln"[62]). Axelrod verfolgt ausgehend von dieser Definition jedoch eine andere Forschungsrichtung. Für ihn stellen Normen „einen machtvollen Mechanismus für die Regulierung von Konflikten in sozialen Gruppen dar, auch in solchen ohne Zentralgewalt und mit mehr als zwei Akteuren"[63]. Welche große Macht eine etablierte Norm ausüben kann, zeigt Axelrod an einem historischen Beispiel: Als 1804 Alexander Hamilton von Aaron Burr zum Duell gefordert wurde, akzeptierte er diese Form des Zweikampfes notgedrungen, obwohl viele Gründe für ihn dagegen sprachen: So war es zum einen gesetzlich verboten, er war grundsätzlich gegen diese Art des Blutvergießens, er hatte Frau und Kinder und hegte noch nicht einmal einen Groll gegen seinen Herausforderer. Und doch entschloss er sich zu diesem Duell, da er mit der üblichen (informellen) Art und Weise der Austragung eines Konfliktes in jenen Kreisen zu dieser Zeit konform gehen wollte. Will heißen, er unterwarf sich dieser machtvollen Norm, die über Leben und Tod entschied, letztlich nur aus Furcht vor Missbilligung von Vertretern bestimmter gesellschaftlicher Kreise. Besonders tragisch dabei war, dass Alexander Hamilton sein normkonformes Verhalten – wie so viele zu dieser Zeit - mit seinem Leben bezahlen musste.

Ferner zeigt Axelrod an Beispielen der internationalen Macht- und Wirtschaftspolitik, wie soziale (und auch informelle) Normen das Handeln entscheidend bestimmen können und das internationale politische und soziale Geschehen zu beeinflussen vermögen. So haben seiner Meinung nach „Normen den Kolonialismus praktisch gänzlich zum Verschwinden gebracht, haben den Einsatz chemischer Waffen weitgehend

62 Axelrod, Robert: Normen unter evolutionärer Perspektive, S. 107.

63 Ebenda, S. 105.

verhindert, und haben die Ausbreitung von Nuklearwaffen bisher beträchtlich verzögert"[64].

Axelrod bezieht hier die Wirkung sozialer Normen nicht nur auf Einzelakteure, sondern auf ganze Nationen. Zeigen diese in Konfliktsituationen ein großes Maß an Verhaltenskoordination (und dies ohne Einfluss einer zentralen, übergeordneten Macht), dann läge es seiner Meinung nach nahe, „die Koordination des Verhaltens und das daraus resultierende Eindämmen des Konflikts der Existenz von Normen zuzuschreiben"[65].

In diesem Zusammenhang betont Axelrod auch, dass Normen relativ schnell geändert werden können. Wird eine Norm in Frage gestellt, wird sie instabil. Dies kann einerseits dazu führen, dass sie durch eine andere Norm verdrängt wird. Andererseits ist es aber auch möglich, dass sie dadurch bewusster wahrgenommen wird und sich anschließend dauerhaft etablieren kann. Dementsprechend ist seiner Auffassung nach eine Norm keine „Alles-oder-Nichts-Feststellung"[66], sondern „eine Sache der Abstufungen"[67]. Abhängig davon, wie oft ein bestimmter Handlungstyp angewandt wird bzw. wie oft jemand dafür bestraft wird, der diesen Handlungstyp nicht anwendet, kann man deshalb von einem Anwachsen oder einer Schwächung einer bestimmten Norm sprechen.

Axelrod interessiert daher nicht nur, wie eine Norm entsteht, sondern auch, wie und durch was sie erhalten bzw. durch eine andere Norm verdrängt werden kann.

Um dies näher untersuchen zu können, führt er ein „Normenspiel" durch, das dem evolutionären Ansatz folgt. Dabei wird davon ausgegangen, dass die Spieler keine detaillierten Kosten-Nutzen-Abwägungen treffen, sondern vielmehr ein Versuch-und-Irrtum-Verhalten zeigen. Die evolutionäre Perspektive, die Axelrod hier wählt, unterstellt somit kein rationales Verhalten (etwa im Sinne Opps), sondern geht von folgenden Verläufen aus: Die Spieler lernen durch das Versuch-und-Irrtums-Prinzip und werden effizientere Strategien eher beibehalten als ineffizientere. Letztere werden sie in vorteilhaftere Strategien abändern. Außerdem wird davon ausgegangen, dass die Spieler sich gegenseitig beobachten und erfolgreiche Strategien von anderen Spielern übernehmen werden. Der evolutionäre Ansatz geht dabei jedoch nicht davon aus, dass die Spieler streng rational kalkulieren, welches die vorteilhafteste Strategie

64 Axelrod, Robert: Normen unter evolutionärer Perspektive, S. 106.

65 Ebenda, S. 106–107.

66 Ebenda, S. 107.

67 Ebenda, S. 107.

für sie darstellt. Es fließen vielmehr auch nicht-rationale (z.B. emotionale) Einflüsse mit ein, die nicht-lineare Effekte erzeugen können. Das Normenspiel selbst verläuft wie folgt:

Es beginnt damit, dass ein Individuum i eine Gelegenheit zu einem nicht-kooperativen Verhalten hat (zum Beispiel zu einem Betrug, der ihm Vorteile verschafft). Dabei wird die Wahrscheinlichkeit S („to be seen") von 50 % unterstellt, dass dies von anderen gesehen und aufgedeckt wird.

Der nicht-kooperative Akt ergibt für den Spieler i eine Auszahlung von 3 Punkten, die anderen Spieler werden davon geringfügig geschädigt mit jeweils –1 Punkt. Verzichtet der Spieler i auf die Nicht-Kooperation/den Betrug, so erhalten alle Spieler 0 Punkte.

Bis zu diesem Punkt ähnelt das Spiel dem Gefangenen-Dilemma, doch nun fügt Axelrod noch eine weitere Variable mit ein: Die anderen Spieler, die ein nicht-kooperatives Verhalten beobachten, haben nun die Möglichkeit, dieses zu bestrafen, wodurch der Spieler i mit –9 Punkten geschädigt wird, sie selbst aber auch Bestrafungskosten von –2 Punkten bezahlen müssen.

Axelrod untersucht anschließend im Einzelnen die „Kühnheit" (Boldness) der Spieler, eine Nicht-Kooperation zu wagen sowie das Ausmaß der „Rachsucht" (Vengefulness), d.h. die Bereitschaft der anderen Spieler, diese Nicht-Kooperation zu bestrafen. Mit dieser Simulation sollte nun festgestellt werden, ob und wie sich die Strategien der Spieler im Laufe der Zeit entwickeln. Tatsächlich ergab sich eindeutiges Muster.

Es werden insgesamt fünf Simulationsdurchläufe durchgeführt. Alle Läufe beginnen mit einem durchschnittlichen Maß an „Kühnheit" und „Rachsucht". Nach einer gewissen Zeit kommt es dann zu einem dramatischen Rückgang der „Kühnheit", wahrscheinlich, weil realisiert wird, wie teuer die „Kühnheit" kommen kann, wenn in einer Population ausreichend „Rachsucht" vorhanden ist. Sobald jedoch das Ausmaß an „Kühnheit" sinkt, beginnt auch das Rachsuchtsniveau zu sinken. Grund dafür war offenbar, dass die „Rachsucht" sozusagen „Vollzugskosten" verursacht, die nun keinen großen Vorteil mehr zu bringen scheinen, d.h. sich in Anbetracht der geringen Kühnheit nicht mehr lohnten. Nachdem jedoch das Rachsuchtsniveau nahe Null gefallen ist, somit die Spieler davon ausgehen können, dass ihre „Kühnheit" ungestraft bleibt, kommt es sehr schnell wieder zu einem deutlichen Anstieg der „Kühnheit".

Nach diesem Ergebnis stellt sich für Axelrod nun die Frage, was genau dazu führt, dass sich eine Norm dauerhaft etablieren kann. Da offenbar niemand von sich aus einen ausreichenden Grund sah, eine Nicht-

Kooperation zu bestrafen, versucht Axelrod nun in der nächsten Sektion dieses Spiels, einen solchen Anreiz zur Rachsucht zu schaffen.

Einen Anhaltspunkt dazu liefert wiederum ein historisches Beispiel:

Im Jahre 1930 ereignete sich in Texas eine durchaus tragische Episode. Nachdem ein Schwarzer, der beschuldigt wurde, eine weiße Frau überfallen zu haben, verhaftet und in das Gerichtsgebäude verbracht worden war, hatte der aufgebrachte Mob das ganze Gerichtsgebäude niedergebrannt, um den schwarzen Beschuldigten zu töten. Doch damit nicht genug: Als ein Mann über diesen Vorfall öffentlich sagte: „Eigentlich ist das Ganze doch eine Schande", wurde diesem mit einer Sodaflasche so brutal auf den Mund geschlagen, dass ihm mehrere Zähne brachen.

Genau hierin sieht Axelrod nun „ein Mittel, um eine Norm durchzusetzen: bestrafe diejenigen, die sie nicht aktiv unterstützen"[68]. Mit anderen Worten: Spieler sollen nun nicht nur „rachsüchtig" gegen diejenigen sein, die eine Norm verletzen, sondern auch gegen diejenigen, die diesen Normbruch erkennen und nicht bestrafen. Diese Art der Normen bezeichnet Axelrod als „Metanormen".

Metanormen sind nicht nur (etwa in kommunistischen Gesellschaften) weit verbreitet in Form eines wechselseitigen Denunziantensystems, sie können sich auch in vielerlei Gruppen und Gesellschaften relativ stabil etablieren, da oftmals die Weigerung, sich an dieser Art von Bestrafung zu beteiligen, schon als eine gegen die Gruppe gerichtete Handlung interpretiert wird.

Um diesen Mechanismus auf seine Effizienz hin näher untersuchen zu können, führt Axelrod nun das so genannte „Metanormenspiel" durch, d.h. das ursprüngliche Spiel wurde um folgenden Zusatz erweitert: Wenn jemand eine nicht-kooperative Handlung begeht, ein anderer dies sieht, aber nicht bestraft, dann sollen die anderen Spieler dieses Unterlassen selbst bestrafen können. Die entscheidende Annahme für dieses Modell ist somit die mögliche „Rachsucht" der Spieler gegenüber einer Verweigerung von Bestrafung.

Auch beim „Metanormenspiel" werden fünf vollständige Spieldurchläufe durchgeführt, wobei sich in allen Durchläufen klar erkennbar eine Metanorm gegen Nicht-Kooperation fest etablieren konnte. Das Resultat des Spiels folgt also einer klaren Logik: Durch die Einführung der Metanormen haben die Spieler nun schon aus Gründen des Selbstschutzes einen starken Anreiz, „rachsüchtig" zu sein, nämlich um einer Bestra-

68 Axelrod, Robert: Normen unter evolutionärer Perspektive, S. 114.

fung für das Nicht-Bestrafen einer beobachteten Nicht-Kooperation zu entgehen. Ist somit jeder Spieler schon allein aus egoistischen Motiven heraus „rachsüchtig", dann zahlt es sich für niemanden mehr aus, unkooperativ zu handeln. Das ganze System stützt sich damit von innen heraus sozusagen von selbst, und die Norm kann sich dauerhaft etablieren.

Die Simulation des Normenspiels und des Metanormenspiels zeigt eindeutig, dass es offenbar nicht ausreicht, nicht-kooperative Handlungen zu bestrafen, um eine Norm dauerhaft und stabil zu erhalten.

Neben den Metanormen führt Axelrod noch sieben weitere Mechanismen auf, die eine nur teilweise etablierte Norm in ihrer Existenz festigen können:

(1) Die Dominanz einer Gruppe über eine andere. Das Gelten von Normen kann nach Axelrod allein „durch die Interessen von einigen wenigen, aber gewichtigen Akteuren vorangetrieben werden"[69], denn das Verhalten einer dominanten Gruppe hat in der Regel größere Auswirkungen auf die Entwicklung von Normen als das Verhalten einer schwächeren Gruppe. Dabei müssen die Handlungen der wenigen, aber gewichtigen Akteure noch nicht einmal bis in Detail abgestimmt und koordiniert sein, solange die Akteure gewichtig genug sind, um anderen, schwächeren Akteuren die Norm aufzuzwingen. Als Beispiel hierzu nennt Axelrod die zwei dominanten Gruppen in der Atompolitik, die USA und die Sowjetunion. Beide haben erfolgreich daran gearbeitet, die Weiterverbreitung von Nuklearwaffen zu verlangsamen.

(2) Die Internalisierung. Normen sind nach der Auffassung von Axelrod internalisiert, d.h. verinnerlicht, wenn die Verletzung einer etablierten Norm auch dann seelische Schmerzen verursacht, wenn sie zu direkten positiven materiellen Vorteilen führt. Finde ich beispielsweise auf der Straße eine mit Geldscheinen prall gefüllte Geldbörse und gebe sie dem rechtmäßigen Eigentümer zurück, so verzichte ich zwar auf materielle Vorteile, folge damit aber der Norm des Anstands und der Ehrlichkeit, die im Laufe meiner Kindheit in meinem Inneren durch die Erziehung verfestigt wurde. Hätte ich das Geld dagegen selbst behalten, so hätte mir mein schlechtes Gewissen die Freude am Geld verdorben, da mir bewusst war, dass ich gegen eine internalisierte Norm verstoßen habe. Dieses Phänomen wird häufig auch im Rahmen von Laborexperimenten beobachtet, nämlich dann, wenn Versuchspersonen uneigennütziger gehandelt haben, als sie es eigentlich mussten. Fragt man sie anschließend nach den Gründen für ihr Handeln, geben sie oft an, dass es für sie von entscheidender Bedeutung sei, mit sich selbst

69 Axelrod, Robert: Normen unter evolutionärer Perspektive, S. 118.

im Reinen zu sein. Die Internalisierung muss jedoch nicht (nur) im Rahmen der Erziehung stattfinden. Normen können auch im späteren Leben verinnerlicht werden, nämlich dann, wenn eine starke Bindung an eine und/oder eine Identifizierung mit einer speziellen sozialen Gruppe oder Gemeinschaft besteht, etwa bei religiösen Gruppierungen oder innerhalb bestimmter Berufsgruppen. Ob eine Norm internalisiert wird oder nicht, hängt nach Axelrod auch sehr stark davon ab, inwieweit man sich mit einer Gruppe identifizieren kann und inwieweit man die Norm als legitim empfindet.

(3) Die Abschreckung. Diese hilft unter langfristiger Perspektive abweichendes Verhalten Dritter in der Zukunft zu verhindern. Im Normenspiel haben die Spieler keine Voraussicht, d.h. die Spieler agieren nicht zukunftsorientiert. Sie zeigen lediglich ein Versuch-und-Irrtum-Verhalten, ohne dabei nach vorn oder zurück zu schauen. Reale Akteure dagegen können sehr wohl abwägen, ob das Sanktionieren eines Normbruchs, auch wenn es im Moment Kosten verursacht und eher Nachteile bringt, längerfristig gesehen dennoch ratsam ist, weil dadurch zukünftig abweichendes Verhalten verhindert werden kann. So verursacht die polizeiliche Verfolgung, die gerichtliche Anhörung und Verurteilung sowie die anschließende Inhaftierung eines Straftäters zweifellos für einen Staat erhebliche Kosten, jedoch dient dies andererseits auch der Abschreckung und kann zukünftige Straftaten verhindern. Auch im privaten Bereich nehmen Eltern den Zeit- und Energieaufwand in aller Regel gern in Kauf, den die Erziehung eines Kindes verursacht, weil sie längerfristig von einem gut erzogenen Kind profitieren können.

(4) Das soziale Vorbild. Besonders in einer fremden oder neuen Umgebung können die Handlungen anderer Personen Hinweise darauf geben, wie man sich am besten verhalten sollte. So können beispielsweise langsam fahrende Autos in einer fremden Stadt Aufschluss darüber geben, dass sich irgendwo in der Nähe eine Radarfalle befindet oder eine Straße beschädigt ist. Auch kann das Verhalten anderer wichtige Hinweise darüber liefern, wie man sich in bestimmten Situationen angemessen benehmen sollte, etwa wie man bestimmte Speisen (etwa Hummer) bei einer offiziellen Abendeinladung isst o.Ä.

(5) Die freiwillige Mitgliedschaft in einer Gruppe, welche sich für einen gemeinsamen Zweck zusammengeschlossen hat. „Abmachungen, Verträge, Allianzen und Mitgliedschaften in sozialen Gruppen haben gemeinsam, dass sie Individuen zu etwas verpflichten“[70], wie Axelrod betont. Hier ist abweichendes Verhalten eher selten. Zum einen, weil man die Verpflichtung freiwillig eingegangen ist. Zum anderen, weil man mit gleich gesinnten Leu-

70 Axelrod, Robert: Normen unter evolutionärer Perspektive, S. 121.

ten zusammen kommen und nicht riskieren möchte, aus dieser Gruppe durch ein nicht normkonformes Verhalten wieder ausgeschlossen zu werden. Zudem ist man in diesen Gruppen bei abweichendem Verhalten den Sanktionen der anderen Gruppenmitglieder ausgesetzt, insbesondere auch durch die Existenz von Metanormen.

(6) Das Gesetz. Normen gehen nach Axelrods Auffassung „Gesetzen oft voraus, werden dann aber durch Gesetze unterstützt, aufrechterhalten und erweitert"[71]. Gesetze haben Normen gegenüber drei Vorteile: eine bessere Möglichkeit der Erzwingung, der Respekt gegenüber Gesetzen ist in der Regel weitaus größer als gegenüber Normen und ihre Klarheit, da sie – im Gegensatz zu Normen – klar und eindeutig definiert und schriftlich fixiert sind.

(7) Das Ansehen/der Ruf. Schon ein einziger Normbruch kann nach Axelrod unter Umständen als Hinweis auf den ganzen Charakter des Betreffenden aufgefasst werden. Existiert z.B. eine Norm, dass man zu bestimmten Anlässen oder Einladungen in Gesellschaftskleidung/Abendgarderobe erscheinen soll und ein Gast verstößt gegen diese Norm, so kann es passieren, dass die anderen Gäste diesen nicht nur für den Bruch dieser Norm bestrafen (etwa durch pikiertes Stirnrunzeln), sondern hieraus auch Rückschlüsse auf die persönlichen Eigenschaften und Verhältnisse des Betreffenden ziehen (z.B. dass dieser kein Geld für angemessene Kleidung besitzt oder keine gute Erziehung genossen hat). Als ein weiteres Beispiel wäre ein Kaufmann zu nennen, der einmalig bestimmte Bedingungen eines Vertrags nicht einhält (oder einhalten kann) und dann zukünftig in den Ruf eines unzuverlässigen Geschäftspartners gerät. Dies könnte zur Folge haben, dass niemand mehr mit ihm Geschäfte machen möchte.

Doch kommen wir zurück zu der Frage, wie Normen entstehen. Nach Axelrod hängt die Entstehung von Normen davon ab, welche Verhaltenstypen in einer Population auftauchen und sich verbreiten können, was wiederum abhängig davon ist, welche Art von Verhalten belohnt oder bestraft wird. Dabei ist es für ihn nicht von entscheidender Bedeutung, dass dies ein weit verbreitetes Verhalten darstellt, dieses Verhalten kann anfangs auch nur von wenigen Personen gezeigt werden. Wichtig sind vor allem die beiden Faktoren „Dominanz" und „Reputation". Einige wenige, aber mächtige und angesehene Akteure sind in der Lage, eine Norm zu etablieren, und dies einzig und allein durch die Förderung eines bestimmten Verhaltens ihrerseits bzw. durch die von ihnen ausgehenden Bestrafungen im Falle eines Normbruchs.

71 Axelrod, Robert: Normen unter evolutionärer Perspektive, S. 122.

Das Normenspiel mit einbeziehend kommt Axelrod abschließend zu der Feststellung: „In dem Maße, wie die Spieler einer Population zwar rachsüchtig, nicht aber kühn sind, kann man sagen, dass eine Norm etabliert wurde."[72]

Wir haben nun zehn – teilweise sehr unterschiedliche – theoretische Positionen zum Thema „soziale Normen" kennengelernt, wobei ich an dieser Stelle noch einmal ausdrücklich betonen möchte, dass damit in keiner Weise ein Anspruch auf Vollständigkeit erhoben werden soll. Tatsächlich gibt es zu diesem Themenkomplex noch eine Vielzahl weiterer, auch überaus interessanter Ansätze und Perspektiven, deren zusätzliche Vorstellung jedoch den Rahmen dieses Buches gesprengt hätte.

Das Modell, wonach Normen als Rollenerwartungen aufgefasst werden (das u.a. von Dahrendorf und Gerhardt vertreten wird), wurde hier ausgelassen, da es in Kapitel 7 („Rollennormen und Rollenkonflikte") ausführlich besprochen wird.
Kommen wir nun zu einem ersten Resümee.

Welchen roten Faden kann man nun aus dieser Vielzahl unterschiedlicher Normdefinitionen spannen?

Was sind – abschließend und zusammenfassend gesprochen – soziale Normen?

Normen sind Regelmaßigkeiten sozialen Verhaltens. Sie dienen als Orientierungshilfe, sind eine Art Richtschnur des Handelns. Auf ihrer Grundlage wird Verhalten bewertet und gegebenenfalls sanktioniert. Normen sind Regeln, deren Einhaltung über Sanktionen von anderen „erzwungen" wird. Wobei nicht generell feststeht, ob es sich bei diesen „anderen" um (nahezu) alle Gesellschafts- bzw. Gruppenmitglieder handeln muss oder nur um wenige bzw. einzelne (jedoch sehr mächtige) Akteure.

Unstrittig ist sicherlich hingegen, dass es sich bei Normen um eine (wie auch immer geartete) Verpflichtung, um einen Verhaltensimperativ handelt, der einen gewissen Grad an Verbindlichkeit aufweist, der jedoch je nach Situation und Normart variieren kann. Normen determinieren soziales Handeln und Verhalten, regeln den Umgang der Menschen untereinander und bestimmen grundlegend die Struktur sozialer Systeme.

Sie erleichtern soziale Interaktionen, indem sie die Erwartungen, Interessen, Aktionen und Reaktionen der einzelnen Akteure koordinieren, eine sinnvolle Interpretation der Handlungssituation ermöglichen und

72 Axelrod, Robert: Normen unter evolutionärer Perspektive, S. 126.

über eine erwartbare Verhaltensregelmäßigkeit eine relativ stabile Verhaltenssicherheit garantieren.

Da Normen ein bestimmtes Verhalten fordern, müssen Personen oder Organisationen vorhanden sein, die diesen Anspruch stellen und durchzusetzen versuchen. Dieser Personenkreis wird in der Soziologie als „Normsender" oder „Normsetzer" bezeichnet. Die „Normadressaten" hingegen sind diejenigen Personen, an die sich die Verhaltensforderungen richten.

Normsender und Normadressat können auch identisch sein, etwa in einer Ehegemeinschaft, in der sich beide Ehepartner gleichermaßen an bestimmte Normen halten und die Einhaltung dieser Norm auch wechselseitig fordern.

Im Idealfall wird die Norm von den Normadressaten vollständig anerkannt und akzeptiert, was jedoch im Alltag eher selten ist. Meist werden bestimmte Normen mal mehr, mal weniger anerkannt. Diese Abstufungen der Normakzeptanz werden als Geltungsgrad einer Norm bezeichnet. Je schwächer der Geltungsgrad ist, desto geringer ist in der Regel die Aussicht auf eine Durchsetzbarkeit der Norm bei den Normadressaten. Bei einem sehr schwachen Geltungsgrad existiert eine Normdistanz, die zu einem Normwandel und/oder Untergang einer Norm führen kann.

Das Befolgen bzw. Nichtbefolgen kann durch den so genannten Wirkungsgrad einer Norm zum Ausdruck gebracht werden. Entscheidend dabei ist natürlich zunächst einmal die Normkenntnis (Regeln, die ich nicht kenne, kann ich schwerlich befolgen), des Weiteren auch die Sanktionsbereitschaft und die Sanktionswahrscheinlichkeit.

Sind Normen gesetzlich fixiert, spricht man von „Muss-Normen". Die außerrechtlichen Normen werden unterteilt in „Soll-Normen" (Sitten) und „Kann-Normen" (Gebräuche, Gewohnheiten). Die Letzteren sind in aller Regel weniger präzise definiert und erlauben einen größeren, offeneren Interpretationsspielraum. Daneben ist bei diesen beiden Normarten die Sanktionswahrscheinlichkeit und Sanktionsschärfe meist deutlich geringer als bei den Muss-Normen.

Normen gewähren, wie bereits betont, eine gute Kooperation der Handelnden und sorgen auch in modernen Industriegesellschaften dafür, dass die Verhaltensweisen in diesen überaus großen, komplexen sozialen Gebilden aufeinander abgestimmt werden können (womit wir uns im letzten Kapitel noch näher befassen werden).

Kurz und bündig gesagt: Ohne Normen wäre jede Form der gesellschaftlichen Handlung, im Großen wie im Kleinen, nur schwer und problembehaftet möglich.

3 DIE PRIMÄRE ENTSTEHUNG SOZIALER NORMEN

Eine wie auch immer geartete „Gesellschaft" ist zweifellos eine elementare Voraussetzung menschlichen Lebens. Menschen sind und waren von jeher auf andere Menschen angewiesen. Das Leben des Menschen ist ohne ein bestimmtes Maß an (befriedigenden) sozialen Beziehungen auf Dauer nicht oder nur schwer möglich bzw. erträglich. Der Mensch braucht den/die anderen, wäre ansonsten völlig auf sich allein gestellt und auf verlorenem Posten (mit einigen Ausnahmefällen natürlich, die aber wohl in den meisten Fällen eher pathologischer Natur sein dürften).

Doch bedarf, wie bereits mehrfach erwähnt wurde, gesellschaftlich orientiertes Handeln sozialer Regeln, damit die einzelnen Handlungen aufeinander abgestimmt werden können, nicht ins Leere laufen und Unsicherheiten im Umgang mit anderen eliminiert werden können. Soziale Normen sind somit ein Grundpfeiler jeglicher gesellschaftlicher Ordnung.

Werte und Normen waren evolutionär gesehen schon sehr früh notwendig gewesen, primär um Triebe zu reglementieren und biologische Grundbedürfnisse zu sichern.

Schon Aristoteles betonte vor über 2000 Jahren, dass der Mensch zwar ein sich nach Gemeinschaft strebendes Wesen sei und das einzige Lebewesen sei, das die Sprache besitzt, mit der er das Gerechte und Ungerechte zum Ausdruck bringen kann. Andererseits sei der Mensch aber auch ohne Tugend das wildeste und schlimmste aller Lebewesen.

Der Mensch als gesellschaftlich bedingtes Lebewesen bedurfte und bedarf somit von Menschen geschaffene Verhaltensmaßstäbe, d.h. Werte und Normen, um die physischen Befindlichkeiten und das soziale Miteinander zu regeln.

Doch wie kam es ursprünglich zu einer evolutionären Anpassung und Reglementierung der verschiedenen menschlichen Verhaltensweisen und biologischen Bedürfnisse?

Die Grundstruktur einer jeden Gesellschaft (der ursprünglichen wie der modernen) wird durch eine Vielzahl von biologischen Anlagen, kulturunabhängigen Verhaltensähnlichkeiten und physischen und psychischen Grundbedürfnissen geprägt, für die offenbar schon sehr früh eine Regelung gefunden wurde.

So ist beispielsweise das Lächeln zwar als Fähigkeit primär angeboren, „wann und wie gelacht wird, ist aber gesellschaftlich (mit-) beeinflusst. Es wird sogar erwartet, dass man lächelt. Es sind, so heißt es, eigenartige, unter Umständen psychisch belastete, Menschen, die nicht lächeln (können). Es gilt eben als menschlich, sich ab und zu zu freuen – oder doch zumindest so zu tun – und dieser Freude lachend/lächelnd Ausdruck zu verleihen"[73], wie Bellebaum bemerkt.

Aber wie fand diese evolutionäre Anpassung, Regelung und das Aufeinanderabstimmen der verschiedenen menschlichen Verhaltensweisen in ihren Anfängen statt?

Das alltägliche und soziale Leben wird (auch in den heutigen modernen Gesellschaften) noch immer durch zahlreiche biologisch-physiologische Grundbedürfnisse determiniert. Auch wenn es den meisten nicht bewusst sein mag, so wird der Mensch doch auch heute noch nicht unwesentlich mit dem Problem des Überlebens und der Arterhaltung in seinem Alltag konfrontiert. Ein Großteil seines Lebens kreist noch immer um die Sicherstellung seiner Grundbedürfnisse und die Erhaltung seiner Art, wie beispielsweise um Nahrung, Wasser, Schlaf, ein Dach über dem Kopf, Kleidung (Aufrechterhaltung der Körpertemperatur), um Sex (Fortpflanzung), Familienplanung und Familienerhalt (Pflege und Erziehung der Nachkommen), Gesundheitsvorsorge, Krankenpflege etc.

Um all dies auf Dauer ausreichend befriedigen zu können, bedarf es einer gesellschaftlichen Regelung und Organisation. Damit der Mensch seine evolutionären und biologischen Erfordernisse sicherstellen konnte und noch immer kann, war bzw. ist es noch immer unabdingbar, dass das Sozialverhalten der Menschen entsprechend dieser Erfordernisse und Grundbedürfnisse geformt und organisiert wird, was weit auf die menschliche Entwicklung zurückgreift.

Die Elementarstruktur der menschlichen Gesellschaft ist ursprünglich auf die speziellen Überlebensstrategien unserer Vorfahren zurückzuführen, wie ein kurzer Blick zurück auf die menschliche Evolution zeigt:

Als vor ca. 7 Millionen Jahren die Regenwälder in Afrika und Asien während einer Trockenperiode sukzessive verschwanden, mussten unse-

73 Bellebaum, Alfred: Soziales Handeln und soziale Normen, S. 101.

re Vorfahren ihren ursprünglichen Lebensraum, den Wald, verlassen. Während sie anschließend die Savannen und Steppen zu besiedeln begannen, waren sie gezwungen, sich den neuen Lebensbedingungen anzupassen. Da das Gras in der Savanne damals vermutlich nicht höher als etwa einen Meter hoch gewesen war, hatten unsere Vorfahren zweifellos eine bessere Überlebenschance, wenn sie durch einen aufrechten Gang einen besseren Überblick gewinnen und damit Feinde frühzeitig erkennen konnten. So gehen viele Forscher davon aus, dass sich zu diesem Zeitpunkt diese menschenähnlichen Wesen auf zwei Beinen erhoben haben (andere Forscher glauben, dass sich die aufrechte Haltung schon sehr viel früher entwickelt hatte, da beispielsweise die Orang-Utans auf Sumatra aufrecht im Geäst stehen, um an Früchte am Ende dünner Zweige zu gelangen). Wahrscheinlich waren die Übergänge jedoch fließend. Wie dem auch immer gewesen sein mag: Hatten sich unsere Vorfahren zuvor von Baum zu Baum gehangelt, sich von Pflanzen oder Aas ernährt (das satte Raubtiere zurückgelassen hatten), so ermöglichte ihnen nun der aufrechte Gang und die damit verbundene Entwicklung des Gehirns eine ganz andere (Über-)Lebensweise: nämlich die eines Jägers.

Doch als sich diese Frühmenschen von den Bäumen und Pflanzen abgewandt und nicht mehr nur als reine Sammler ihr Dasein gefristet hatten, sondern als Jäger ihre existentiellen Grundbedürfnisse zu sichern begannen, mussten sie sich dem Leben auf dem Boden und als Räuber in der Steppe nicht nur physisch, sondern auch „sozial“ anpassen.

Die nunmehr räuberische Lebensweise erforderte eine „Jagdrudelorganisation“, was wiederum eine Entwicklung und Anpassung an ein speziell organisiertes Sozialleben bedurfte. Denn um bei der Jagd erfolgreich sein zu können, war es nicht nur notwendig, Voraussicht und Planung walten zu lassen, es erforderte auch ein großes Maß an Kooperation.

Ferner war es nötig, dass im Sozialverband für die Sicherheit der „Schwächeren“ Sorge getragen wurde. So musste beispielsweise für die Pflege und Versorgung der Alten und Kranken gesorgt sein, ein besonderer Schutz der Schwangeren und Kinder musste garantiert werden, und der Stamm musste gegen Räuber, Feinde und Konkurrenten beschützt und verteidigt werden.

Besonders das Problem der Kinderaufzucht stellte im Laufe der Evolution einen wesentlichen und bestimmenden Faktor und auch eine große Herausforderung für das soziale Leben dar, da die extreme Hilfsbedürftigkeit des menschlichen Neugeborenen und die jahrelange Abhängigkeit des Kinds von der Mutter eine unterstützende Familiengruppe zwingend erforderlich machte. Erschwerend hinzu kommt, dass bei den Menschen bzw. den damaligen menschenartigen Wesen die Nachkommen nicht wie bei anderen Säugetieren als Mehrfachgeburten zur Welt kamen bzw. kommen, sondern in aller Regel Einzelgeburten waren/sind, d.h. nacheinander über viele Jahre hinweg geboren werden und aufgezogen werden müssen.

Aufgrund dieser besonderen artspezifischen Faktoren der Nachwuchssicherung mussten die Familien für ihre Kinder über einen sehr langen Zeitraum (10 bis 20 Jahre) eine entsprechend stabile ökonomische, aber auch sichere soziale Umwelt schaffen.

Die (normative) Grundstruktur der menschlichen Gesellschaft kann somit auf die Ursprünge der Evolution zurückgeführt werden. Die evolutionären artspezifischen Erfordernisse des Menschengeschlechts führten schließlich zu einer Herausbildung und Entwicklung bestimmter Verhaltensmuster und Einstellungen. Es entstand die so genannte Kernfamilie mit einer stabilen Paarbindung und einer engen Eltern-Kind-Beziehung. Ferner entwickelten sich unter diesen besonderen biologisch-artspezifischen Gegebenheiten Furcht und Misstrauen gegenüber fremden Personen (um Gefahren für die eigene Sippe auszuschließen), Territorialitätsansprüche, ein besonderes Lern-, Spiel- und Ausdrucksverhalten (d.h. das spielerische Lernen und Einüben bestimmter sozialer Kompetenzen, die dem Sozialverband von Nutzen waren), ethische und familiäre Pflicht- (und Schuld-)gefühle, die Anerkennung von (Familien-)Autoritäten (für eine bessere Organisation des Sozialverbandes), die Herausbildung einer bestimmten Hierarchie, Konkurrenz- und Aggressionsverhalten zur Sicherung der eigenen Existenz und des Familienverbandes u.v.a.
Kurzum: Erste gesellschaftliche Strukturen bildeten sich heraus, die die sozialen Handlungen regelten und die Gemeinschaftsverbände elementar organisierten.

Die sich nun entwickelnden Verhaltensformen, die allmählich auch einen normativen Charakter annahmen, da nur über einen sozialen Druck auch eine ausreichende Konformität und stabile Kooperation erreicht werden konnte, waren natürlich ort- und zeitabhängig verschieden.

Gleichartig und elementar war allerdings die Herausbildung und Aufrechterhaltung einer (wie auch immer gearteten) „moralischen Ordnung", die die Existenzgrundlage und die soziale Organisation der Sippe bzw. Gemeinschaft untermauerte.

Doch auf welchem Wege genau konnte sich diese moralische Ordnung entwickeln?

Nach dem so genannten scholastischen Naturrecht (einer Naturrechtslehre, die auf die aristotelisch-scholastische Philosophie zurückgeht), entstand die Seinsordnung und damit zugleich auch die moralische Ordnung aus der Weisheit Gottes.

Aus diesem Naturrecht lassen sich bestimmte Normen ableiten, die aus der physisch-psychischen sozialen Natur des Menschen hervorgehen. Denn diese Lehre besagt, dass alle Substanzen des Universums nicht nur bestimmten Gesetzmäßigkeiten folgen, sondern auch allesamt danach streben, ihre natürlichen Triebe und Neigungen zu verwirklichen (jeweils ihrer spezifischen Art entsprechend). So besitzt demnach auch der Mensch von Natur aus ein gewisses Bestreben, das ihn zur Sicherstellung seiner Art und zur Befriedigung seiner Bedürfnisse drängt. Beim Menschen werden diese allerdings nicht (nur) durch seinen Instinkt geleitet, sondern (vorwiegend) durch seine Vernunft. Denn mithilfe seiner Vernunft kann er erkennen, welche Handlungen ihm helfen, sein (von der Natur vorgegebenes) Ziel zu erreichen. Sein und Sollen ergänzen sich somit. Mittels Verstand und Vernunft lernt er, in einer seinem Wesen entsprechenden Ordnung zu leben. Der Mensch entwickelt somit von innen heraus seiner Natur entsprechende Normen. Ein sicherlich nicht uninteressanter Ansatz.

Das scholastische Naturrecht geht jedoch auch grundsätzlich von einer universal-objektiven Ordnung aus, welche auf die normative Autorität Gottes zurückgeht. Ob diese „naturrechtlichen Normen" nun tatsächlich auf die normative Autorität eines (wie auch immer definierten) Gottes zurückgeht, mag umstritten bleiben. Klar und unumstritten wird sicherlich sein, dass sich wohl evolutionär schon recht früh gewisse soziale Leitsätze, Regeln und Gerechtigkeitsgrundsätze in festen Sozialverbänden herausgebildet haben, die das Zusammenleben in wesentlichen Zügen geregelt und somit die Existenz und Arterhaltung über eine soziale Kooperation gesichert haben.

Doch welche Arten von Normen sind nun evolutionär primär entstanden?

Artspezifische biologische Grundbedürfnisse (wie z.B. die Nahrungsaufnahme oder die sexuellen Bedürfnisse betreffend) waren sicherlich nicht unerheblich an der ursprünglichen Normentstehung beteiligt (man denke hier etwa an das schon recht früh entstandene Inzesttabu). Ferner waren aber auch Normen elementar, die die Loyalität und Hilfsbereitschaft innerhalb des Familienverbandes unterstützten.

Andererseits ist zu bedenken: Obwohl sicherlich schon sehr früh bezüglich Hunger, Durst und Sexualität (als die elementarsten Grundbedürfnisse des Menschen) normative Verhaltensregeln in menschlichen Verbänden und Gemeinschaften entstanden sind, wäre es wohl zu einfach, die primäre Normentstehung allein auf Triebe, Instinkte und biologische Bedürfnisse zurückzuführen.

Auch Alfred Bellemann weist darauf hin, dass „beim Menschen anders als bei Tieren zwischen ererbter Instinktspannung und Endhandlung ein weites Feld möglicher Handlungen liegt“[74].

Denn „selbst wenn es einen Nahrungstrieb geben sollte, erscheint es vielen Forschern doch problematisch, sämtliche Essgewohnheiten, Tischsitten und andere die Nahrungsaufnahme vorbereitenden und begleitenden Formen der Geselligkeit auf den Nahrungstrieb zurückzuführen. Es gibt sicherlich menschliche Handlungsweisen, die sich direkt oder indirekt an organische Grundbedürfnisse anheften. Sie sind aber damit weder hinreichend erklärt, noch erscheint es vertretbar, alles an solchen und möglichen anderen innerlich erzeugten Antriebsenergien aufzuhängen“[75].

Auch Popitz bemerkt, dass „Norminhalte offensichtlich nur in einem geringen Ausmaß biologisch fixiert sind“[76], da „eklatante Unterschiede zwischen verschiedenen Kulturen“[77] existieren.

Der Mensch sei insofern „normierungsoffen“[78] und „in höchst variabler Weise normierungsfähig“[79]. Zwar ist es nach Popitz absolut „notwendig, dass wir unser Zusammenleben durch Normierungen stabilisieren“[80], jedoch ist der Mensch andererseits auch „in den Zwängen des sozialen Zusammenlebens in unglaublicher Weise prägbar, knetbar, modifizierbar“[81].

Mit anderen Worten gesagt: Auch wenn die Art und Gestalt sozialer Normen hochgradig flexibel, variabel und kulturell verschieden sein mag, so ist es andererseits doch in jeder Gesellschaft obsolet, dass Menschen ihr Verhalten normieren.

Auch die Art und Weise, wie Menschen diesem Normierungszwang gerecht werden, „ist nicht beliebig, sondern offenbar bestimmten Ge-

---

74 Bellebaum, Alfred: Soziales Handeln und soziale Normen, S. 108.

75 Ebenda, S. 108.

76 Popitz, Heinrich: Die normative Konstruktion von Gesellschaft, S. 16.

77 Ebenda, S. 16.

78 Ebenda, S. 17.

79 Ebenda, S. 17.

80 Ebenda, S. 17.

81 Ebenda, S. 17.

setzmäßigkeiten unterworfen"[82], die dazu führen, „dass sich Normierungen unter den verschiedensten Bedingungen in immer gleichen Formen objektivieren"[83], wie Popitz bemerkt. Diese Gesetzmäßigkeiten, dieses „Gehäuse menschlichen Zusammenlebens"[84], das in jeder Gesellschaft aus den gleichen Bauteilen besteht (jedoch in jeweils anderen Variationen), bezeichnet Popitz als „Konstrukte sozialer Normierung"[85]. Da unter den verschiedensten gesellschaftlichen Bedingungen stets die gleichen Konstrukte sozialer Normierung entstehen, bezeichnet Popitz sie als „universal"[86].

Im Weiteren untersucht Popitz die verschiedenen Arten von Normen näher und unterscheidet zwischen den allgemeinen Normen (die für alle Mitglieder einer Gesellschaft gelten) und den partikularen Normen (die nur für einen bestimmten Teil der Mitglieder einer Gesellschaft gelten), wobei er die partikularen Normen nochmals aufteilt in reziproke und nicht-reziproke Partikularnormen.

Allgemeine Normen gibt es in allen Gesellschaften. Hierzu zählen beispielsweise die Normen, dass gemeinsamer Besitz geschützt werden muss, das Eigentum anderer nicht beschädigt, zerstört oder entwendet werden darf, ein Mitglied der eigenen Gesellschaft nicht verletzt oder getötet werden darf und jedes Mitglied vor dem Angriff Fremder bewahrt und verteidigt werden muss. Partikulare Normen, die lediglich für eine Teilkategorie der Gesellschaftsmitglieder gelten, gibt es ebenfalls in nahezu allen Gesellschaften.

„Überall, wo Menschen sich dauerhaft vergesellschaften und nach außen abgrenzen, haben sie Binnenräume entwickelt, in denen bestimmte normative Verpflichtungen"[87] bestehen, die (aufgrund bestimmter Ungleichheiten) nur einen Teil der Mitglieder betreffen, wie Popitz feststellt.

Zwar ist es seiner Auffassung nach so, dass „keineswegs alle physischen und psychischen Differenzen [...] normativ fixiert werden"[88], jedoch gibt es „zwei Differenzen, die in allen Gesellschaften eine normative Partikularisierung herausfordern: die biologisch vorgegebenen Unterschiede des Geschlechts und des Alters"[89]. So ist es wohl in fast allen Ge-

82 Popitz, Heinrich: Die normative Konstruktion von Gesellschaft, S. 18.

83 Ebenda, S. 18.

84 Ebenda, S. 18.

85 Ebenda, S. 18.

86 Ebenda, S. 19.

87 Popitz, Heinrich: Soziale Normen, S. 97.

88 Ebenda, ,S. 97–98.

89 Ebenda, S. 98.

sellschaften der Fall, dass Frauen andere („gesellschaftliche") Verpflichtungen innehaben als Männer bzw. dass Erwachsene anderen Normen und Regeln unterworfen sind als Kinder.

Doch richten wir nun einmal unser Augenmerk auf die so genannten „Normverklammerungen" zwischen den einzelnen Personen bzw. Personenkategorien.

Popitz unterscheidet, wie bereits erwähnt, zwischen reziproken und nicht-reziproken Normverklammerungen. Was ist hiermit im Einzelnen gemeint?

Nach Popitz' Auffassung gibt es „in allen Gesellschaften Normverklammerungen, die durch reziproke Partikularnormen bestimmt werden"[90], d.h. es existieren bestimmte Personengruppen mit einem gleichen normativen Status. Innerhalb dieser Gruppen gibt es wechselseitige Verpflichtungen, so dass „niemand vom anderen etwas erwarten kann, was dieser nicht von ihm erwarten kann"[91]. Ein Beispiel hierfür wäre die besondere wechselseitige Beistandspflicht der Eheleute (die über eine allgemeine Solidaritätspflicht weit hinausgeht bzw. hinausgehen sollte). Ehefrau und Ehemann verpflichten sich beiderseits in gleichem Maße, dem jeweils anderen in schwierigen Zeiten beizustehen und ihn nach eigenen Kräften zu unterstützen.

Eine ähnliche Verpflichtungsgleichheit besteht aber auch zwischen Geschwistern, zwischen Ranggleichen in Arbeitsorganisationen oder beim Militär bzw. allgemein bei Mitgliedern einer statusgleichen (gesellschaftlichen) Gruppierung. Die Verpflichtungen und Ansprüche sind jeweils wechselseitig definiert, jeder fungiert sowohl als Normadressat, als auch als Normbenefiziar in gleichem Maße.

Anders sieht es bei den nicht-reziproken Normverklammerungen aus. Hier gelten bestimmte Partikularnormen nur für eine Personenkategorie. Normadressat und Normbenefiziar sind strikt getrennt und bleiben es auch. Es existiert nur eine einseitige Verpflichtung bzw. nur ein einseitiger Normanspruch. Oder einfacher und verkürzt gesagt: Person A hat andere Pflichten gegenüber Person B als Person B gegenüber Person A hat. Beispielsweise haben Eltern andere Verpflichtungen ihren Kindern gegenüber als die Kinder gegenüber ihren Eltern. Arbeitnehmer sind anderen normativen Pflichten unterworfen als Arbeitgeber. Die normative Zielrichtung ist jeweils nur einseitig ausgerichtet, obwohl natürlich auch hier eine gegenseitige „Verklammerung" besteht, denn auch eine soziale

---

90 Popitz, Heinrich: Soziale Normen, S. 100.

91 Ebenda, S. 100.

Verbindung durch ungleichartige Normen kann zu einer wechselseitigen Bezogenheit führen. Hier wird die besondere normative Beziehung durch „ungleichartige, aber doch in irgendeiner Weise zueinander passende, aufeinander abgestimmte, sich ergänzende Normen“[92] erzeugt, wie Popitz dies formuliert.

Diese Art der normativen Verklammerung ist jedoch in der Regel problemanfälliger, da nicht-reziproke Verpflichtungen eine Art „Tauschproblem“ darstellen. Beziehungen zwischen Personen (oder Personengruppen) mit normativ ungleichem Status werden früher oder später durch Fragen der Legitimation belastet werden, da die ungleichwertigen Verpflichtungen und Ansprüche von der unterlegenen Personengruppe anerkannt oder zumindest nach außen hin und in weiten Teilen akzeptiert werden müssen. Dieses Problem ist beispielsweise bei Heranwachsenden und Jugendlichen zu beobachten, die ab einem gewissen Alter allmählich beginnen, die Autorität der Eltern (und damit auch ihre normativen Ansprüche) in Frage zu stellen.

Allgemein kann man sagen, dass sich in allen Gesellschaften neben den reziproken Partikularnormen auch nicht-reziproke Partikularnormen etabliert haben, was wiederum zu einer Herausbildung bestimmter Sozialstrukturen und Kommunikationsformen geführt hat. Die Kommunikationsform, die sich hier herausgebildet hat, ist eine Kommunikationsform, bei der sich die aufeinander bezogenen Rechte und Pflichten nicht gleichen. Die Reaktion des anderen ist nicht spiegelbildlich, d.h. er ist mir gegenüber nicht zu dem verpflichtet, zu dem ich ihm gegenüber verpflichtet bin.

Diese ungleich definierten Ansprüche und Pflichten müssen jedoch nicht zwangsläufig für den normativ schlechter Gestellten zu negativen Konsequenzen führten. Oft handelt es sich bei dieser Konstellation auch um ein für beide Seiten zweckmäßiges Arrangement, bei dem sich beide Personen(-gruppen) ergänzen (etwa bei einem Arbeitgeber-Arbeitnehmerverhältnis) oder der eine Partner aufgrund seines Alters und seiner Reife (z.B. beim Eltern-Kind-Verhältnis) bestimmte Pflichten für eine „schwächere“ Personengruppe übernehmen muss.

In Anlehnung an Popitz kann man nun zusammenfassend sagen, dass in jeder Gesellschaft drei Ebenen der normativen Koordinierung existieren: Die Beziehungsstrukturen, die sich aufgrund allgemeiner Normen ergeben, die Koordinierung durch reziproke Partikularnormen und die normative Verklammerung durch nicht-reziproke Partikularnormen.

---

92 Popitz, Heinrich: Soziale Normen, S. 99.

Diese drei Prinzipien führen in jeder Gesellschaft zu einer normativen Verklammerung der einzelnen Mitglieder untereinander und bilden die Basis jeder Integrationsstruktur. Sie sind, mit anderen Worten, der gesellschaftliche roten Faden, der das menschliche Zusammenleben koordiniert und festigt.

Selbst unter den verschiedenartigsten gesellschaftlichen Bedingungen bilden sich nach Popitz stets die drei oben genannten sozialen Konstrukte der Normierung heraus. Doch nicht nur das. Nach Popitz weisen ebenso die Integrationsstrukturen in allen Gesellschaften bestimmte, universale Muster auf, in denen „die bisher besprochenen Konstrukte sozialer Normierung einen bestimmten Stellenwert haben“[93]. Diese Muster sind komplexere Strukturen und werden von Popitz als „Positionsmuster“[94] bezeichnet. Doch schauen wir uns dies an einigen anschaulichen Beispielen an:

In allen Gesellschaften gibt es nach Popitz' Auffassung bestimmte Integrationsstrukturen, die für sorgen, dass Neugeborene in die jeweilige Gesellschaft sozusagen „aufgenommen“ werden.

Dies ist überaus wichtig, da jede Gesellschaft von Natur aus bestrebt ist, eine gewisse Kontinuität zu wahren. Kontinuität heißt in diesem Fall, dass bestimmte Werte und Normen dieser Gesellschaft, aber auch erworbene Kenntnisse und Fähigkeiten an die nachfolgende Generation weitergegeben werden und dadurch erhalten bleiben. Eine Gesellschaft kann nur dann Kontinuität bewahren, wenn sie es schafft, bestimmte grundlegende Werte zu tradieren. Dies kann sie jedoch nur, wenn sie mit dem Risiko des Generationswechsels umzugehen weiß. Für jede Gesellschaft stellt die Aufzucht und Erziehung der Neugeborenen, der Neuankömmlinge in der Gesellschaft, einen enormen Aufwand dar. So verwundert es nach Popitz nicht, dass „alle Erwachsenen unmittelbar oder mittelbar, ganz oder teilweise damit beschäftigt sind, Kinder an die Kontinuitätskette zu legen“[95].

Diese besondere Leistung, tradierte Werte und Kenntnisse weiterzugeben und damit die Kontinuität der Gesellschaft zu wahren, ist jedoch nach Popitz nicht ohne eine spezifische Integrationsstruktur möglich. Diese Integrationsstruktur ist ein „Gefüge differenzierter, normierter und positionalisierter Beziehungen“[96], will heißen: ein Kind, das in ein bestimmte gesellschaftliche Gemeinschaft hineingeboren wird, findet dieses

93 Popitz, Heinrich: Soziale Normen, S. 101.

94 Ebenda, S. 101.

95 Ebenda, S. 102.

96 Ebenda, S. 102.

Beziehungsgeflecht schon differenziert vor, es ist von Anbeginn an in ein Netz verschiedenartiger Beziehungen eingewoben – verschiedenartig etwa in Bezug auf die Fürsorge, die Erwartungen und Reaktionen an und auf sein Verhalten, auf das Ausmaß der sozialen Nähe bzw. Distanz. Dieses Geflecht der spezifischen, sehr differenzierten Sozialbeziehungen werden dem Kind in Form von Rechten und Pflichten zugeordnet, spezifiziert je nach Lebensalter und Interaktionspartner (z.B. Mutter, Geschwister etc.).

So haben nicht nur bestimmte Personen dem Kind gegenüber gewisse Verantwortlichkeiten, auch das Kind selbst hat (jeweils seinem Alter entsprechend) bestimmte Rechte, aber auch Pflichten zu erfüllen. Oder wie Popitz dies zum Ausdruck bringt: „Die Gesellschaft legt ihr normatives Netz jedem über die Wiege.“[97]

Dieses soziale Netz weist ein stabiles Positionsmuster auf, d.h. bestimmte Positionen (wie etwa die Position der Mutter oder des Vaters), werden von vornherein mit Personen besetzt, mit denen das Kind normativ verstrickt werden soll. Die Gesellschaft, in die das Kind hineingeboren wird, ist so gesehen für dieses im Kern schon vorstrukturiert. Oder mit anderen, mit Popitz' Worten gesagt: „Das Kind findet das Aggregat zusammenlebender Menschen, in das es hineingeboren wird, auf sich positionalisiert vor.“[98]

Jede Gesellschaft hat dabei bestimmte Formen und Strukturen entwickelt, wie sie die Neugeborenen in dieses Geflecht der Sozialbeziehungen empfangen und einbinden.

Für diese Sozialbeziehungen, die einen starken normativen Charakter aufweisen und ein bestimmtes Positionsgefüge besitzen, arbeitet Popitz sechs Grundmuster heraus, die alle Gesellschaften gleichsam zeigen.

Zum einen werden in allen Gesellschaften die Grundbedürfnisse des Neugeborenen durch die Position einer primären Bezugsperson erfüllt. Neben Ernährung, Schutz und physischer und psychischer Pflege sind die Inhaber dieser Position auch für die grundlegende Sozialisation des Kindes verantwortlich, einschließlich der – überaus wichtigen – Entwicklung der Kommunikationsfähigkeit.

Diese entwicklungsrelevante Aufgabe kann auf mehrere Personen bzw. Positionsinhaber verteilt werden, wird aber in aller Regel in den ersten Lebensjahren des Kindes von einer einzigen Person bzw. Frau, von der so genannten Ammenmutter (d.h. meist von der biologischen Mutter), übernommen.

97 Popitz, Heinrich: Soziale Normen, S. 103.

98 Ebenda, S. 103.

Zu den primären Bezugspersonen gehört daneben noch (idealerweise) eine männliche Person, die eine Art Sorge- und Schutzposition erfüllt. Die Art und Weise, wie diese beiden primären Bezugspersonen des Kindes miteinander verbunden sind (z.B. als Ehepaar oder Geschwisterpaar), spielt nach Popitz' Auffassung eine eher untergeordnete Rolle. Wichtig für die Sozialisation des Kindes ist primär die Beziehung zu der/den Bezugsperson(en) und die Normverklammerung, die mit dieser Person bzw. diesen Personen und dem Kind über nicht-reziproke Normen existiert.

Ein weiteres universelles Grundmuster stellt die Tatsache dar, dass über die Verbindung des Kindes mit den primären Bezugspersonen stets noch weitere positionelle Bezüge entstehen. So vermitteln die Positionen „Vater" und „Mutter" dem Kind sehr häufig auch Zuordnungen zu den primären Bezugspersonen des Vaters und der Mutter, so dass meist das positionelle Gefüge drei oder mehr Generationen umfasst. Die Abstammungsverwandtschaft und Verbindung zu den Ahnen belegt das Kind wiederum mit besonderen Rechten und Pflichten. „Es wächst also nicht nur in ein soziales System aktueller Beziehungen hinein, sondern auch in ein System, das ihm eine Herkunftslinie und Herkunftsidentität zuweist, eine Verbindungslinie zu Menschen, die vor ihm da waren und nach ihm kommen werden"[99], wie Popitz betont.

Ein drittes grundlegendes Merkmal betrifft die besondere positionelle Struktur, die sich durch die primären Bezugspersonen und Ahnen ergibt und deren Stellenwerte für alle Kinder gleichermaßen gelten. Unabhängig vom Alter, Charakter und anderen Unterschieden zwischen den Geschwistern entsteht über diese Struktur eine einzigartige, feste Geschwisterverbindung, die auch hinsichtlich der Normerfahrung eine nicht unbedeutende Rolle spielt. Denn die „geschwisterlichen Verbindungen sind eine strukturelle Basis [...], auf der sich Normverklammerungen durch reziproke Partikularnormen ergeben können – und damit die Grunderfahrung ‚insularer' Solidarität"[100].

Die insulare Solidarität, d.h. die Einbindung in eine soziale Einheit, in eine Gruppe, die nach außen hin geschlossen ist, vermittelt dem Kind nicht nur „ein primäres Gehäuse sozialer Zugehörigkeit"[101], sondern auch die „Erfahrung des Jeder-und-keiner-Prinzips allgemeiner Normen"[102], was ein viertes Grundmuster positioneller Bezüge darstellt.

99 Popitz, Heinrich: Soziale Normen, S. 104.

100 Ebenda, S. 105.

101 Ebenda, S. 105.

102 Ebenda, S. 105.

Ein weiteres Merkmal bezieht sich auf die „Herkunftsbeziehungen zu Objekten"[103], die sich für das Kind aufgrund der Positionszuordnung ergeben. So erhält das Kind spezifische Verfügungsgewalten (bzw. das Recht, an bestimmten Verfügungsgewalten mit teilzuhaben), etwa am Haus/Wohnraum, am Grundstück/Acker, an Haushaltsgegenständen, Vieh etc. Es wird somit sozusagen Eigentümer an dem Teil der Objektwelt, in den es hineingeboren wurde.

Das sechste und letzte Kennzeichen betrifft die Integrationsstruktur, die auf der einen Seite zwar sehr eng und emotional, andererseits jedoch auch strikt begrenzt ist. Inzesttabu und Endogamieverbot sind in allen Sozial- und Herkunftsbeziehungen von wesentlicher Bedeutung, da nach Popitz „die Reproduzierbarkeit der Integrationsstruktur von Generation zu Generation als ein Gefüge immer gleicher Bindungen nur durch Exogamie der Heranwachsenden gewährleistet"[104] werden kann.

Zusammenfassend und abschließend kann man nun sagen, dass die Sozialisation des Kindes verfestigte soziale Strukturen voraussetzt, die so konzipiert sind, dass das Kind die normativen Grunderfahrungen menschlichen Zusammenlebens erfahren und erlernen kann. Mit anderen Worten: Das Kind muss in seinem primären sozialen Gehäuse sowohl mit allgemeinen als auch mit reziproken und nicht-reziproken Normen konfrontiert werden. Des Weiteren müssen die Strukturen, die dafür die Voraussetzung bilden, so angelegt sein, dass die elementaren strukturellen Bestandteile von Generation zu Generation in ihren Grundzügen jeweils weitergegeben werden können – ein Aspekt, auf den jede Gesellschaft, in der einen oder anderen Weise, großen Wert gelegt hat.

Schauen wir uns nun noch eine weitere soziologische Theorie zur Evolution sozialer Normen an, die auf einen anderen Schwerpunkt ausgerichtet und zwar schon älter ist, aber keinesfalls überholt erscheint und von dem amerikanischen Kulturanthropologen William Graham Sumner erarbeitet wurde.

Sumner (1840–1910), Professor für Soziologie an der Yale University und einer der Gründungsväter der Soziologie in den USA, war ein entschiedener Verfechter des Sozialdarwinismus. In seinem bekanntesten Werk „Folkways" (erstmals 1906 erschienen), legt er folgende darwinistisch orientiere Evolutionstheorie dar:

So wie in der Tierwelt die Art am ehesten überleben konnte, die sich am besten an ihre Umwelt angepasst hatte, so hatten sich auch innerhalb

103 Popitz, Heinrich: Soziale Normen, S. 105.

104 Ebenda, S. 106.

der menschlichen Gesellschaft die bewährtesten Formen der sozialen Anpassung an die gegebenen Umstände durchsetzen können.

Die spezifische Anpassung des Menschen an die natürlichen und sozialen Bedingungen seiner Umgebung erfolgte nach Sumners Vorstellung über Aktivität, wobei vier große Handlungsmotive im Vordergrund standen: Hunger, Sexualität, Eitelkeit (hiermit ist im weitesten Sinne das Bedürfnis nach sozialer Anerkennung gemeint) und die Furcht vor übernatürlichen Kräften.

Dem menschlichen Handeln lag somit in erster Linie der Antrieb zugrunde, die elementaren Grundbedürfnisse befriedigen zu wollen und erfolgte nach dem Prinzip von Versuch und Irrtums, d.h. das, was sich als zweckmäßig herausstellte, wurde in Zukunft beibehalten, die weniger erfolgreichen Handlungen wurden dagegen verworfen.

Da alle Menschen einer Gesellschaft unter den jeweils gleichen Bedingungen lebten, bildeten sich auch gemeinsame Formen der Anpassung heraus, wobei man untereinander von den Erfahrungen der anderen profitieren konnte. So wurden auch individuelle Gewohnheiten allmählich zu sozialen Gewohnheiten bzw. Bräuchen, die Sumner als „folkways“ bezeichnet.

Nach der Auffassung des Sozialdarwinisten Sumner standen bei den „primitiven“ Menschen vor den Gedanken die Taten, und ihre erste Aufgabe des Lebens bestand darin, zu (über-)leben.

Jeder Augenblick forderte von ihnen Notwendigkeiten, auf die sie zu reagieren gezwungen waren. Ihre Bedürfnisse zu befriedigen war ihr primäres Anliegen, ihm folgten weitere, ungeschickte und holprige Bemühungen. So wie bei neu geborenen Tieren die Anstrengungen, Bedürfnisse zu befriedigen, zunächst eher plump und planlos sind und erst mit den entsprechenden Erfahrungen gezielter und planvoller werden, so erfolgten auch die Anstrengungen des Menschen ursprünglich nur nach dem Prinzip von Versuchs und Irrtums.

Manche Handlungen erzielten im Ergebnis Lust und Freude, andere Unlust oder gar Schmerz. Ein zunächst ziel- und planloses Herumexperimentieren führte schließlich in einigen Fällen zu einer befriedigenden Lösung, die sich dann allmählich auch allgemein durchsetzen konnte.

Die ersten Aktivitäten der Menschen waren demnach dadurch motiviert, grundlegende Bedürfnisse befriedigen zu wollen. Positive und negative Erfahrungen bestimmten dabei die Richtung ihres Tuns. Die Fähigkeit, zwischen Gut und Schlecht, bzw. zwischen Lust und Unlust unterscheiden zu können, war dann auch der Schlüssel dazu, die zweckmäßigsten Tätigkeiten herauszufinden, d.h. die Aktivität herauszukristallisieren, die weniger Unlust/Schmerz erzeugt und einer geringeren Anstrengung bedarf, um den Anforderungen zu genügen. Es entwickelten sich so Zug um Zug bestimmte Gewohnheiten, sowie eine gewisse Routine und Geschicklichkeit bei der Ausführung bestimmter Tätigkeiten. Jeder profitierte von den Erfahrungen des anderen, da ein Konkurrenzkampf um die zweckmäßigsten Lösungen nur allen geschadet hätte. Der Kampf ums Überleben wurde somit nicht individuell, sondern in der Gruppe – und dadurch auch leichter – geführt.

Letztendlich verhielten sich alle gleich zum gleichen Zweck. Die erfolgreichen Praktiken wurden nicht nur zu Gewohnheiten, sondern auch zu einem allgemeinen, kollektiven Phänomen. Die nachfolgenden Generationen lernten diese Praktiken durch Tradition, Nachahmung und Autorität, es entstanden schließlich die so genannten „folkways".

Folkways gab es nach Sumner ab einem bestimmten Zeitpunkt an für alle Bedürfnisse des Lebens. Sie sind in einer Gruppe/Gesellschaft nicht nur einheitlich und allgemein anerkannt, sondern besitzen auch einen normativen und unveränderlichen Charakter. Mit der Zeit wurden sie immer stärker, bedeutender und eigenmächtiger, stellten sich immer sicherer fest und wurden schließlich zu einem Imperativ.

Die „folkways" entstanden durch das häufige Wiederholen bestimmter Handlungen, d.h. wenn sehr oft und von vielen Menschen bestimmte Handlungen gleichzeitig oder in gleicher Weise erfolgten, um gleichen Bedürfnissen gerecht zu werden. Dies führte beim Individuum zu einer Gewohnheit, in der Gruppe zu einem Brauch und übte auf jedes Gruppen-/Gesellschaftsmitglied einen solch starken Druck aus, dass sich die „folkways" schließlich zu einer sozialen Kraft entwickelten.

Folkways sind demnach aus den erst tastenden, unbeholfenen, dann allmählich immer sicherer werdenden Versuchen des Menschen, seine Bedürfnisse zu befriedigen, entstanden. Individuelle Erfolge wurden zu kollektiven Erfolgen, individuelle Gewohnheiten wurden zu verbindlichen sozialen Verhaltensmustern und Vorgaben. Sie waren somit nach Sumner nicht das Produkt einer rationalen Planung, sondern ergaben sich eher zufällig bzw. nach einem beschwerlichen Weg des Ausprobierens nach dem Prinzip von Versuch und Irrtum. Hatten sie sich als zweckmäßig erwiesen, wurden sie schnell zur Gewohnheit, dann zur Routine und wurden schließlich unbewusst vollzogen.

Sumner geht nun noch einen Schritt weiter. Soziale Gewohnheiten beinhalten seiner Meinung nach immer schon im Grunde auch eine Vorstellung von „richtig" und „falsch", werden so zur Richtschnur gemeinsamen Handelns, werden normativ, werden zu „mores".

„Mores“ unterscheiden sich von „folkways“ dadurch, dass sie ein moralisches Gewicht haben. „Mores“ wären somit, so würde man heute sagen, nichts anderes als soziale Normen.

4 DIE VERINNERLICHUNG SOZIALER NORMEN

Soziale Normen, wovon evolutionär bedingte wohl schon sehr früh entstanden sind, wie wir im letzten Kapitel gesehen haben, werden von Generation zu Generation tradiert, werden über die Erziehung in ihren wesentlichen Grundzügen jeweils an die Nachkommen weitergegeben.

Doch wie geschieht dies genau? Wie kann Erziehung das Ziel erreichen, soziale Normen sicher zu überliefern und an die nächste Generation weiterzugeben?

Oft geschieht dies mehr schlecht als recht und eher mangelhaft. „Dass es aber gelingen kann und wohl nie vollkommen misslingt, ist eine Bedingung der Möglichkeit jeder Kontinuität sozialer Lebensformen und Verhaltensmaßstäbe“[105], wie Heinrich Popitz bemerkt.

Womit noch immer nicht gänzlich die Frage beantwortet ist, warum und wie genau eine halbwegs sichere Weitergabe sozialer Normen an die nächste Generation vonstattengeht bzw. vonstattengehen kann.

Eine Vererbung ist in diesem Fall auszuschließen. Möglich wird die „Übernahme“ sozialer Normen nur, wenn das Kind die Verhaltenserwartungen, mit denen es konfrontiert wird, nicht nur erfüllt, sondern auch im Inneren aufnimmt, d.h. wenn die Erwartungen, die von außen an es herantreten, auch zu Erwartungen an es selbst werden. Dies setzt nicht in jedem Fall eine bestimmte etablierte Morallehre voraus. Die Erwartungen, die an das Kind gestellt werden, können auch nur singuläre Handlungen betreffen oder auf bestimmte Situationen begrenzt sein.

Die Erfüllung sozialer Verpflichtungen und Erwartungen erfolgt auch nicht nur aus der Furcht vor Sanktionen, auch persönliche Interessen spielen hier eine nicht unwesentliche Rolle. Man denke hier vor allem an die enorme physische und psychische Abhängigkeit des (Klein-)

105 Popitz, Heinrich: Soziale Normen, S. 73.

Kindes von seiner Bezugsperson bzw. von seinen Bezugspersonen und von den Menschen seines sozialen Umfeldes.

Ein Kind möchte in einem gewissen Alter möglichst alles richtig machen, ist den Urängsten des Verlassenwerdens und des Ausgestoßenseins aus der Gruppe ausgeliefert. Und genau dies bildet auch den Nährboden, auf dem die Tradierung sozialer Normen erwächst.

Ein Kleinkind möchte lernen, nachahmen, sich anpassen. Es begreift in vielen Fällen auch ohne eine Androhung irgendwelcher Sanktionen, dass ein bestimmtes Tun oder Lassen innerhalb seiner sozialen Gemeinschaft angebracht, erwünscht und nötig ist.

Darüber hinaus sind gesellschaftlich verbindliche Verhaltensweisen lehrbar und lernbar. Gesellschaftliche Sollansprüche können dem Kind gezielt vermittelt werden (notfalls über Strafandrohungen bei Nichtbefolgung), werden mit der Zeit habitualisiert, d.h. bestimmte soziale Verhaltensverpflichtungen werden im Inneren des Kindes so verankert, dass sie nicht mehr hinterfragt, sondern gewohnheitsmäßig und weitgehend unbewusst befolgt werden. Oder wie Popitz dies zum Ausdruck bringt:

> „Sollansprüche können aus einer Zumutung von außen zu einer 'Selbstverständlichkeit von innen' werden. Ebendiese Umsetzung ermöglicht, dass wir Sollansprüche befolgen, ohne sie zu reflektieren, – was jede Alltagserfahrung bestätigt."[106]

Es wäre somit sicherlich falsch, jede Normbefolgung nur auf die Erfüllung von Eigeninteressen oder auf eine andere Art der bewussten Entscheidung zurückzuführen.

Normen werden schlicht und ergreifend manchmal nur deshalb befolgt, weil wir sie im Kindesalter internalisiert und so verinnerlicht haben, dass ein Nichtbefolgen psychisch schmerzhaft wäre, weil unserer Gewissen uns bei einer Normverletzung plagt.

Und wer kennt das nicht aus dem Alltag? Wie oft befolgen wir Normen, obwohl unser Verstand uns sagt, dass es nicht rational ist und uns nur Nachteile bringt. Und trotzdem erfüllen wir diese Norm, weil uns sonst unser Gewissen nicht in Ruhe lassen würde. D.h. wir tun dies nicht, weil wir uns bewusst für diese Normbefolgung entscheiden (denn unser Verstand würde uns davon abraten), wir tun dies nur, weil im frühen Kindesalter bestimmte Verhaltenserwartungen so in unserem Unterbewusstsein verankert wurden, dass wir auch im Erwachsenenalter nicht mehr anders handeln können.

Wir sehen: Verinnerlichte Normen können auch unbewusst eine überaus große Macht ausüben.

---

106 Popitz, Heinrich: Soziale Normen, S. 73.

Doch noch einmal zurück zu den Ursprüngen, damit wir dieses Phänomen besser verstehen lernen.

Der Mensch hat und hatte schon immer eine Sonderstellung im Reich der Tierwelt inne, denn er ist an keine spezifische Umwelt gebunden. Er kann in der Steppe, im Gebirge, am Meer leben, kann in sehr kalten Regionen (etwa in Alaska) genauso gut überleben wie in sehr heißen, subtropischen Regionen (Sumatra etc.). Der Mensch ist daneben eines der wenigen „Tiere", die sich ihre Umwelt zu einem großen Teil selbst schaffen, aufbauen und einrichten können. Denn der Mensch kann seinen Lebensraum nach seinen Bedürfnissen gestalten aufgrund seiner besonderen biologischen Anlagen, und das – sicherlich als einziges Lebewesen – in weiser Voraussicht auf die Zukunft und im Rückblick auf Fehler der Vergangenheit. Der Mensch hat somit einen großen Vorteil gegenüber den anderen Wesen des Tierreichs, die stark an bestimmte Umweltgegebenheiten gebunden sind (etwa an Waldgebiete, ans Hochgebirge oder bei manchen Arten noch spezifischer: an Baumkronen, ans Wattenmeer etc., je nach biologischer Anlage und Futterangebot) und die nicht (zumindest nicht in diesem Maße) „planen" können. Alle anderen nichtmenschlichen Lebewesen leben in geschlossenen, begrenzten Welten, bedürfen bestimmter Strukturen und spezifischer Gegebenheiten in ihrem Lebensraum und haben keine weite Voraussicht (und keinen Rückblick). Einzig der Mensch ist geographisch ungebunden, hat sich auf dem größten Teil der Erde erfolgreich ausbreiten können und vermag seine Umwelt nach seinen Bedürfnissen zu gestalten, kann sich planvoll an sehr unterschiedliche und schwankende Gegebenheiten anpassen.

Doch nicht nur dies allein macht den Menschen zu einem Ausnahmewesen unter den Säugetieren. Der Mensch macht auch eine sehr spezifische ontogenetische Entwicklung durch. Seine fetale Entwicklung, seine Menschwerdung sozusagen, findet nicht vollständig im Mutterleib statt. Der menschliche Organismus entfaltet und entwickelt sich vielmehr zu einem großen Teil erst nach der Geburt, d.h. außerhalb des Mutterleibes. Wichtige organische Entwicklungen und Vorgänge erstrecken sich noch weit über das erste Lebensjahr.

Entwickelt sich der Organismus höherer Lebewesen sonst mehr oder minder vollständig im Mutterleib, so finden viele dieser Vorgänge beim Menschen erst nach der Geburt, d.h. im Außen statt. Dies bedeutet jedoch auch, dass sich das Kind in dieser Entwicklungsphase schon in der Außenwelt befindet und mit ihr in einer engen Wechselbeziehung stehen muss, d.h. stark umweltbezogenen Einflüssen und gesellschaftlichen Faktoren ausgesetzt ist.

Die biologische Entwicklung des menschlichen Organismus findet also nicht nur in Wechselwirkung mit seiner natürlichen Umgebung statt, sondern auch schon innerhalb bestimmter gesellschaftlicher Strukturen. Von dem Moment seiner Geburt an ist der Mensch in seiner biologischen Existenz und Entwicklung von gesellschaftlichen Faktoren abhängig, so dass man mit Alfred Bellebaums Worten sagen kann:

> „Nicht nur das Leben und Überleben des Säuglings hängt von gewissen gesellschaftlichen Vorkehrungen ab, sondern auch die Richtung seiner organismischen Entwicklung ist gesellschaftlich determiniert."[107]

Der Mensch entwickelt sich gemäß der Umwelteinflüsse, die auf ihn einwirken, wobei es hier eine Vielzahl an Möglichkeiten zu geben scheint, wenn man an die sehr unterschiedlichen menschlichen Kulturen, Sitten und Gebräuche denkt. Das Menschsein ist sozio-kulturell flexibel und variabel, d.h. der Mensch kann sich aufgrund seiner anpassungsfähigen biologischen Konstitution an unterschiedliche kulturell-gesellschaftliche Gegebenheiten adaptieren – muss sich aber auch schon sehr früh an die jeweiligen sozialen „Spielregeln" seines gesellschaftlichen Umfeldes zu halten lernen.

Wie geschieht dies nun im Einzelnen?

Der Mensch als gesellschaftlich geprägtes Lebewesen ist fundamental abhängig von seiner sozialen Umgebung, ist ohne sie nicht lebensfähig. Diese starke Abhängigkeit bleibt jedoch nicht nur eine äußerliche Erscheinung, d.h. der Mensch handelt und reagiert nicht nur aus Furcht vor Strafe und lässt sich nicht nur von einer rein äußerlichen (fremdgesteuerten) Instanz in seinem Handeln leiten. Auf Dauer wäre ein befriedigendes Zusammenleben innerhalb einer Gemeinschaft nicht möglich, wenn nicht bestimmte soziale Regeln im Einzelnen auch „verinnerlicht" wären, somit sozusagen automatisch ablaufen würden.

Man stelle sich einmal vor, jede soziale Norm müsste überwacht, jede alltägliche, noch so geringfügige Handlung müsste von anderen reglementiert und evtl. bestraft werden. Wie bliebe dann noch Zeit für die wahrhaft existentiellen Dinge des Lebens?

Eine Verinnerlichung bestimmter Verhaltensregeln muss also schon früh im Inneren des Kindes verankert werden, damit das – oft auch recht komplizierte – gesellschaftliche Zusammenspiel möglich wird, d.h. unbewusst, leicht und weitgehend reibungslos ablaufen kann.

---

107 Bellebaum, Alfred: Soziales Handeln und soziale Normen, S. 40.

In der primären Sozialisation werden dem Kind die sozialen Spielregeln, d.h. die geforderten Verhaltensweisen in bestimmten Situationen, die inneren Einstellungen und Haltungen vermittelt, die das Kind nicht selten ein Leben lang prägen und in ihm so nachhaltig verinnerlicht sind, dass es schließlich wie selbstverständlich handelt. Es existiert in ihm eine innere Kontrollinstanz, die es in bestimmten Standardsituationen so und nicht anders handeln lässt, eine Kontrollinstanz, die allgemein mit dem Wort Gewissen bezeichnet wird. Dieses Gewissen macht in vielen Situationen eine äußere Kontrollinstanz überflüssig, prägt das Selbst des Menschen, strukturiert sein Verhalten und seine alltäglichen Handlungen in einer nicht zu unterschätzenden Art und Weise.

Und wer hat das nicht schon einmal erlebt? Man möchte etwas gern tun (oder nicht tun), doch der Verstand, unser Gewissen sagt uns, dass man das nicht tun (oder nicht unterlassen) darf.

Liegt beispielsweise ein Freund im Krankenhaus, wird ihn wohl niemand wirklich gern besuchen wollen. Doch man tut es dennoch, spendet dem Freund Trost so gut man kann, auch wenn man in dieser Zeit vielleicht lieber zu Hause auf der Terrasse in der Sonne liegen, einen Stadtbummel machen oder einen Kaffee (oder ein Bier) mit einem gesunden Freund trinken würde. Doch täte man das, was man wollte und würde den kranken Freund vernachlässigen, würde uns das Gewissen plagen. Und wie schön ist das Gefühl, wenn man nach dem Krankenhausbesuch den Eindruck hat, dem Patienten eine Freude gemacht zu haben! Das gute Gewissen erzeugt dann ein Gefühl, das uns den unangenehmen Besuch im Krankenhaus vergessen lässt.

Was lässt uns so reagieren und fühlen?

Nichts anderes als die in der Kindheit verinnerlichte Norm, anderen in schweren Situationen beizustehen. Ein Norm, die in jedwedem Sozialverband existentiell ist. Natürlich sind die Verhältnisse im Alltag oft komplizierter. Wir wissen in vielen Situationen nicht, wie wir uns verhalten sollen, was richtig und angemessen wäre.

Dies kann vielerlei Gründe haben. Es kann am sozialen Wandel liegen (Normen, die in unserer Kindheit galten, sind Jahrzehnte später oftmals vollkommen überholt) oder an widersprüchlichen Verhaltenserwartungen (der Freund im Krankenhaus erwartet unseren Besuch, aber unser Sohn will zur gleichen Zeit mit uns zu einem Fußballspiel gehen und ist beleidigt, wenn man ihm diesen Wunsch nicht erfüllt), aber auch die unterschiedlichen kulturellen Prägungen in einer multikulturellen Gesellschaft können zu Problemen und Widersprüchen führen (womit wir uns an anderer Stelle noch ausführlicher befassen wollen).

Weitaus schwerwiegendere Probleme ergeben sich jedoch, wenn die Sozialisation und mit ihr die Internalisierung sozialer Normen ganz oder teilweise misslungen ist (dies kann von unangenehmen Verhaltensauffälligkeiten bis hin zu kriminellen Handlungen führen).

Besonders bei Jugendlichen wird in jüngster Zeit auf erschreckende Art und Weise immer wieder deutlich sichtbar, welche Auswirkungen eine mangelnde innere soziale Kontrolle haben kann. Jugendlichen ohne ausreichend verinnerlichte Werte, ohne ein „soziales Gewissen", fällt es leicht, andere (oft auf sehr grausame Art und Weise) zu mobben. Auch wenn sie selbst nicht aktiv sind, so empfinden sie kein (oder kein ausreichendes) Mitgefühl, wenn andere (physisch oder psychisch) verletzt werden, greifen nicht ein, sondern lachen und/oder sehen tatenlos zu. Wieder andere haben keinen Respekt vor fremdem Eigentum, zerstören mutwillig, erpressen und berauben Mitschüler aus „Spaß" und um ihre eigene Macht zu demonstrieren.

Hier zeigt sich deutlich, wozu ein Wertewandel und der Verlust bestimmter sozialer Normen in der heutigen Gesellschaft führen kann und wie überaus wichtig soziale Normen und ihre frühzeitige Verinnerlichung doch sind. Andererseits sollte dieses Problem auch differenzierter betrachtet werden (was wir im vorletzten Kapitel noch tun werden).

Des Weiteren können aber auch die innere und die äußere soziale Kontrolle miteinander in Konflikt geraten. Etwa wenn mein Gewissen mir rät, mich zu Hause um einen kranken Angehörigen zu kümmern, doch die äußere soziale Kontrolle mich dazu zwingt, das Haus zu verlassen und zur Arbeit zu gehen.

Ein völlig anderes, wenn auch sehr seltenes Problem der inneren Kontrolle ist, wenn meine innere Kontrollinstanz zu stark ausgeprägt ist, mich in meiner Handlungsfreiheit zu sehr einschränkt und mir ein permanent schlechtes Gewissen beschert. Dies kann unter Umständen zu schweren psychischen Problemen führen, mitunter auch zu einer (psychischen oder physischen) Selbstkasteiung. Dieses Phänomen ist beispielsweise mitunter bei einer übertrieben streng-religiösen Erziehung zu beobachten.

Weniger dramatischere Auswirkungen der inneren sozialen Kontrolle zeigen sich bei Situationen, die man als (mehr oder minder) peinlich empfindet.

Unangemessenes Verhalten, das mit Stirnrunzeln, mit einer mitleidsvollen Miene oder aber mit abfälligen und herablassenden Bemerkungen kommentiert wird, ist zweifellos unangenehm, gehört aber im Großen und Ganzen gesehen zum Alltag (oft empfindet man es selbst auch als peinlicher und schlimmer, als es tatsächlich ist).

Empfundene Peinlichkeit aufgrund einer informellen sozialen Kontrolle (beispielsweise ein Fauxpas bei einem eleganten Diner, der sichtbares Erstaunen hervorruft), ist für den Betroffenen zwar sicherlich schmerzhaft, aber auch ein probates Mittel, eine geschlossene soziale Gruppe über die Einhaltung bestimmter Regeln vor negativen, unerwünschten Einflüssen zu schützen. Eine bestimmte homogene soziale Gruppe (egal welcher Art) wird immer versuchen, homogen zu bleiben.

Nicht nur die so genannten oberen sozialen Klassen tun dies, dieses Phänomen kann auch oft bei Mitgliedern der unteren sozialen Schichten beobachtet werden, wenn etwa Mitglieder der unteren Schichten die „Oberen" rigoros (und teilweise aggressiv) ablehnen und anfeinden (beispielsweise wenn Arbeiter die „faulen Nichtstuer" beschimpfen, die nur mit dem Kopf, also ihrer Meinung nach „nichts" arbeiten und arrogant seien). Wohlhabende und Gebildete im Arbeitermilieu können genauso (formell oder informell) kritisch beäugt (und eventuell auch abgelehnt und sanktioniert) werden, wie Arbeiter in der gehobenen Bildungsschicht negativ auffallen und abgelehnt werden können. Doch kommen wir zurück zum eigentlichen Thema und beschäftigen uns mit der Frage, warum eine (frühe) Verinnerlichung von sozialen Normen so sinnvoll und wichtig ist.

Gibt es dafür rein rationale Gründe?

James Coleman beschäftigt sich mit dieser Problematik unter einem rational-theoretischen Aspekt. Schauen wir uns einmal seine Theorie näher an.

Für Coleman bedeutet die Internalisierung einer Norm, „dass ein Individuum ein inneres Sanktionssystem entwickelt, das mit einer Bestrafung reagiert, wenn das Individuum eine durch die Norm verbotene Handlung ausführt oder eine von der Norm vorgeschriebene Handlung nicht ausführt"[108].

Dadurch möchte Coleman zum Ausdruck bringen, dass auch dann eine Norm existiert, wenn nicht andere Personen eine Nichtbeachtung der Norm reglementieren. Die Nicht-Einhaltung einer Norm wird im Alltag von anderen oft übersehen – und doch reglementiert – nämlich vom eigenen Selbst. Daraus stellt sich für Coleman nun die Frage, wie ein solches inneres Sanktionssystem im Einzelnen entsteht bzw. warum es im Inneren des Individuums entsteht. Um noch genauer zu sein: Coleman hinterfragt, warum und unter welchen Bedingungen Akteure versuchen, in anderen Personen eine Norm zu verinnerlichen.

108 Coleman, James: Grundlagen der Sozialtheorie, S. 380.

Wie ist dies mit einem rationalem Handeln der Akteure (wovon Coleman ausgeht) zu erklären? Welche Motivationsstruktur liegt diesem Handeln zugrunde? Oder in Colemans Worten:

> „Unter welchen Bedingungen versuchen Akteure, eine Internalisierung herbeizuführen?“[109]

Warum ist ein Nutznießer einer Norm (z.B. die Mutter) daran interessiert, dass der Zielakteur (z.B. das Kind) ein inneres Sanktionssystem entwickelt, wenn doch auch ein äußeres Sanktionssystem (z.B. das Bestrafen des Kindes durch die Mutter bei Nichteinhaltung der Norm) möglich wäre?

Das Herbeiführen einer Verinnerlichung einer Norm in einer anderen Person verursacht (oft nicht unerhebliche) „Kosten“, z.B. eine aufwendige Erziehungsarbeit. Warum werden diese geleistet?

Für Coleman liegt die Antwort auf diese Frage „sofort auf der Hand, wenn man sich in die Eltern eines kleinen Kindes hineinversetzt oder in einen Polizeibeamten, der Verbrechen in einem Viertel bekämpft. Wenn das kleine Kind oder jede Person des Viertels über ein inneres Sanktionssystem verfügt, wird die kontinuierliche äußerliche Überwachung von Handlungen überflüssig“[110].

Die Kosten für eine Internalisierung einer Norm sind demgemäß oft im Gesamten betrachtet geringer, als die Kosten für eine dauerhafte äußere Überwachung.

Schauen wir uns dies an zwei einfachen Beispielen an:

Wenn eine Mutter ihr Kind zur Höflichkeit erzieht bzw. ihm freundliche und höfliche Umgangsformen anderen (besonders fremden) Personen gegenüber beibringt und diese verinnerlicht sind, muss die Mutter beispielsweise nicht bei jeder Begegnung mit einem Nachbarn darauf achten, ob das Kind auch freundlich grüßt, muss bei Besuch von Verwandten, Freunden und Bekannten nicht permanent das Verhalten des Kindes streng überwachen und ggf. Fehlverhalten bestrafen etc. Vieles läuft ab einem gewissen Zeitpunkt automatisch, d.h. wie von selbst ab und die Mutter kann sich innerlich zurücklehnen.

Ähnlich verhält es sich bei den Rechtsnormen und deren Sanktionierung. Schon früh wird dem Menschen beispielsweise verinnerlicht, fremdes Eigentum zu respektieren und Leib und Leben anderer Personen nicht zu

---

109 Coleman, James: Grundlagen der Sozialtheorie, S. 381.

110 Ebenda, S. 381.

gefährden. Nicht auszudenken, vor welcher Aufgabe bestimmte staatliche Organe, wie beispielsweise die Polizei, stehen würden, wenn diese frühe Verinnerlichung der elementaren Rechtsnormen nicht oder nicht ausreichend geleistet würde. Eine völlige Überwachung und permanente Bestrafung aller Staatsbürger wäre alltäglich notwendig – eine undenkbare Situation!

Doch gehen wir mit Coleman noch einen Schritt weiter und fragen uns, unter welchen Bedingungen genau diese rationale Kosten-Nutzen-Kalkulation wirklich sinnvoll ist und wann es ratsamer ist, in einem Zielakteur ein inneres Kontrollsystem zu schaffen, statt auf eine rein äußere Überwachung und Sanktion zu setzen. Die Erzeugung eines inneren Kontrollsystems ist ein breit angelegter und oft langwieriger Prozess, der vom späteren Nutznießer einige „Kosten" verlangt.

Natürlich ist die primäre Sozialisation eines Individuums, bei der ein inneres Kontrollsystem, ein Über-Ich bzw. ein Gewissen erzeugt wird, im sozialen Miteinander unabdingbar. Nur bei Soziopathen sind die Handlungen nur einer sehr schwachen oder gar keinen inneren Kontrolle unterzogen. Doch davon einmal abgesehen:

Wann macht dieser aufwendige Prozess der Schaffung eines inneren Kontrollsystems im anderen tatsächlich Sinn? In jedem Fall – oder nur unter bestimmten Voraussetzungen?

Zum einen muss natürlich als Grundvoraussetzung eine gewisse Empfänglichkeit des Zielakteurs vorhanden sein. Will oder kann der Zielakteur kein solches inneres Kontrollsystem aufbauen, machen die Versuche einer Internalisierung wenig Sinn.

Jugendlichen in einem gewissen Alter wird man meist vergebens versuchen, gewisse Werte und Wertvorstellungen mit auf den Weg zu geben. In einer eher „rebellischen" Lebensphase, in der der Jugendliche versucht, seinen eigenen Weg und sein inneres Ich zu finden, wird er von Natur aus nicht auf die normativen Vorgaben erwachsener Personen Rücksicht nehmen und diesen Gehör schenken. Zum anderen ist ein solcher Versuch nur dann rational, „wenn er Effektivität zu einem annehmbaren Preis verspricht"[111] und man selbst auch eine Art „Rendite" erhält, wie Coleman betont.

Warum sollte beispielsweise jemand Zeit und Energie verschwenden, um fremden Kindern im Urlaub Regeln, Normen und Werte zu vermitteln, wenn er diese Kinder nach zwei Wochen nie wieder sehen

---

111 Coleman, James: Grundlagen der Sozialtheorie, S. 381.

wird und aus deren Norminternalisierung er keinen Nutzen (mehr) ziehen kann? (Womit er sich, davon einmal ganz abgesehen, evtl. auch mit den Eltern Ärger einhandeln könnte, die vielleicht eine ganz andere Erziehungsrichtung vertreten). Hier wäre schon ein sehr großer Idealismus nötig, um ein sinnvolles Kosten-Nutzen-Kalkül vor sich selbst rechtfertigen können. Oder anders, mit Colemans Worten, ausgedrückt: „Bei der Entscheidung, ob es rational ist, in einem anderen Akteur eine Internalisierung zu bewirken, müssen die Kosten, die das Hervorheben der Internalisierung [...] verursacht, gegen die [...] zukünftigen Kosten der Überwachung abgewogen werden, die notwendig wären, um den gleichen Grad der Befolgung zu gewährleisten."[112]

Wenn ich beispielsweise mein Kind religiös erziehen möchte, ist es einfacher, ihm eine große Ehrfurcht vor Gott zu vermitteln (mit allem, was dazu gehört), als es nur tagtäglich zu überwachen, ob es auch seine Gebete spricht, sich christlich im Alltag verhält etc.

Coleman weist des Weiteren mit Recht darauf hin, dass es nicht ausreicht, „dass Sozialisationsagenten [...] einfach versuchen, anderen Personen bestimmte Normen einzuimpfen"[113], denn „ein Hauptbestandteil der Sozialisation ist der Versuch, das Individuum zur Identifizierung mit dem Sozialisationsagenten zu bewegen"[114]. Dies ist nicht nur im Erziehungsprozess des Kindes von großer Bedeutung, auch die Internalisierung von Normen im erwachsenen Menschen betrifft dies im erheblichen Maße.

Wenn wir beispielsweise an die nationalsozialistische Propaganda im Dritten Reich denken, so wird sehr schnell deutlich, wie hier psychologisch gearbeitet wurde. Die Internalisierung gewisser politischer und gesellschaftlicher Normen, das „Einimpfen" des nationalsozialistischen „Gutes" in den (kindlichen, jugendlichen und erwachsenen) Bürger hatte mit Sicherheit weniger „Kosten" verursacht, als eine ständige totalitäre Überwachung (die noch zusätzlich stattfand, aber ohne die Verinnerlichung gewisser „Werte" weitaus aufwendiger gewesen wäre).

Ähnliches fand auch in Rahmen der politischen Erziehung in der DDR statt. Die Stasi wäre wohl heillos überfordert gewesen, wären nicht bestimmte Normen schon in der (frühkindlichen) Erziehung dem Staatsbürger vermittelt worden, die in der Folge auch dazu geführt haben, dass sich ein dichtes Netz des (auch privaten) Spitzelwesens etabliert hat.

---

112 Coleman, James: Grundlagen der Sozialtheorie, S. 382.

113 Ebenda, S. 382.

114 Ebenda, S. 382.

Bei dieser Art der politischen/staatlich-patriotischen Propaganda ist der Trick, dass es sich hier um eine indirekte Strategie handelt: Dem Individuum wird nicht auf direktem Wege eine bestimmte Überzeugung sozusagen „eingeimpft", sondern auf indirektem Wege, nämlich über eine Veränderung des Selbst. Dem Selbst des Individuums wird es scheinbar selbst überlassen zu entscheiden, was richtig oder falsch ist. Doch nur scheinbar: Tatsächlich handelt das Ich gemäß bestimmter Normen, die sich in seinem Inneren manifestiert haben. Es agiert nach der internalisierten Überzeugung des Norm-Agenten (des Staates oder einer anderen übergeordneten Macht). Hat dieser „Agent" es einmal geschafft, ein Individuum seiner Interessen gemäß zu motivieren – und zwar in dem Maße zu motivieren, dass es diese Überzeugungen (Interessen des Agenten) auch längerfristig und fest im Inneren verankert – ist die Verinnerlichung also geglückt, so erspart sich der Agent nach diesem „Vorschuss" der Kosten weitere Kosten für viele kleine Einzelhandlungen. D.h. wenn dieses neu geschaffene Selbst des Individuums die Normen des Agenten so verinnerlicht hat, dass es wie von selbst den Willen des Agenten als eigene Handlungsgrundlage wählt, so ist dies eine weitaus effizientere Strategie, als wenn der Agent sozusagen von Fall zu Fall vorgehen würde. Die Internalisierung hat somit bewirkt, dass er sich für die Zukunft enorme Kosten erspart hat.

Eine Internalisierung ist umso wirksamer und sinnvoller, je größer die Anzahl der einzelnen Handlungen ist, die diese Normen kontrollieren und beeinflussen.

Hat eine Mutter, eine Staatsmacht oder ein anderer „Agent" es einmal geschafft, dass seine Wünsche verinnerlicht wurden, so kann die Strategie auf dieser Grundlage meist ohne Mehrkosten um weitere Gebote und Verbote erweitert werden. Ein Beispiel zur Verdeutlichung:

Hat die Mutter es geschafft, dass das Kind ihre Werte verinnerlicht hat, wird es idealerweise (für die Mutter) bei jeder Handlung überlegen, was die Mutter (im positiven oder negativen Sinne) dazu sagen würde und demgemäß handeln.

Hat eine politische Propaganda gefruchtet, bedarf es im Großen und Ganzen gesehen keiner weiteren Handlungsanweisungen für viele Bereiche des Lebens (Arbeit, Familie, Freizeit), der Einzelne wird schon von sich aus gemäß der politischen Überzeugung (und den Interessen der Partei) handeln, da sie in seinem Inneren verfestigt sind.

Es ist somit also nicht mehr notwendig, dem Individuum für jede einzelne Handlung eine separate Norm zu verinnerlichen, denn die Autorität des Agenten lebt sozusagen allumfassend im Inneren des Individuums und lässt es nach seinen Wünschen und Interessen handeln.

Dieses Phänomen lässt sich auch oft auf eine sehr erschreckende Art und Weise in bestimmten religiösen Sekten beobachten. Hier wurde das Selbst des Individuums derart verändert, dass es schließlich willenlos und automatisch nach den Zielvorstellungen der religiösen Führung agiert. Auch hier wurden Normen internalisiert, und zwar so verinnerlicht, dass die Autorität der Sekte alle Teile des Individuums von Innen durchdringt. Es identifiziert sich schließlich in einem solchen Maße mit den religiösen Regeln und dem Herrschaftssystem der Sekte, dass es diese Vorgaben von sich aus zur Grundlage all seiner Handlungen macht. Sein neu geschaffenes Selbst funktioniert (scheinbar freiwillig) automatisch im Sinne dieser Handlungsagenten.

Ein weniger dramatisches Beispiel wäre die Identifizierung eines Angestellten mit den Werten und Normen eines Unternehmens. Viele Firmen schaffen für ihre Mitarbeiter und Angestellte gewisse (ökonomische) Anreize, damit diese sich mit dem Unternehmen auch innerlich verbunden fühlen.

Betriebsfeiern, Betriebsausflüge oder andere gemeinsame Freizeitaktivitäten mit den Kollegen haben grundsätzlich nur den einen Zweck: eine stärkere Verbundenheit mit dem Unternehmen, der „Zweitfamilie" des Arbeitnehmers, mit der er sich identifizieren soll.

Fühlt sich ein Angestellter oder Mitarbeiter innerlich stark mit der Firma verbunden, wird er automatisch, d.h. von Innen heraus, schon alles vermeiden, was dem Unternehmen schaden könnte. Sein Gewissen wird von sich aus dafür sorgen, dass er eine optimale Arbeitsleistung erbringt. Zusätzliche Anreize, die Arbeitsleistung zu optimieren, werden dann oft noch über Leistungsprämien, Provisionen etc. geschaffen, die dafür sorgen, dass sich der Arbeitnehmer noch mehr als ein Teil des Ganzen begreift, eines Ganzen, dem er auf keinen Fall schaden, sondern nur nutzen möchte.

Unter der Perspektive des Unternehmens macht diese Art der Internalisierung natürlich in den meisten Fällen nur dann Sinn, wenn der Arbeitnehmer längerfristig an das Unternehmen gebunden ist. Nur so rechnen sich auch die Kosten, die längerfristig (evtl. ein Arbeitsleben lang) Nutzen erbringen.

Natürlich können sich bei der Internalisierung von Normen auch „Fehlinvestitionen" ergeben, etwa wie im oben genannten Beispiel, wenn ein Arbeitnehmer nur kurze Zeit in einem Unternehmen tätig ist. Der investierte Gesamtvorschuss kann sich dann längerfristig nicht auszahlen.

Auch andere Investitionen ins „Humankapital“ erreichen nicht immer das anvisierte Ziel. So funktioniert nicht jede Erziehung, bzw. laufen bestimmte Erziehungsstränge ins Leere. Ebenso kann es sein, dass andere Personen die eigentlichen Nutznießer einer verinnerlichen Norm werden, für die der ursprüngliche Agent die Kosten zahlen musste. Im Einzelfall muss hier unter verschiedenen Perspektiven abgewogen werden.

Werden von den Eltern dem Kind beispielsweise Normen vermittelt, die das respektvolle Miteinander mit Gleichaltrigen regeln, so ziehen die Eltern daraus nicht primär den Nutzen, jedoch sekundär: Sie können sich in dem Ansehen sonnen, ihr Kind gut erzogen zu haben.

Ein letzter (und nicht unerheblicher) Punkt zu dieser Thematik, den auch Coleman anspricht, betrifft die zukünftige Entwicklung der verinnerlichten Normen. Kommt es zukünftig zu einer immer schwächer werdenden Internalisierung von Normen, weil viele gesellschaftliche Werte heute nicht mehr existieren? Und wenn ja, was sind die entscheidenden Faktoren, die zu dieser (negativen) Entwicklung beitragen?

Ein zentraler Punkt wäre die gestiegene Scheidungsrate. Ein Elternteil, der in Scheidung lebt und demgemäß davon ausgeht, zukünftig weniger Zeit mit dem Kind zu verbringen, wird es unter Umständen weniger „kostspielig“ finden, einzelne „Vergehen“ direkt mit äußeren Sanktionen zu bestrafen, als ein aufwendiges inneres Sanktionssystem im Kind zu verinnerlichen (das zudem evtl. mit den Vorstellungen des geschiedenen Partners noch kollidieren könnte).

Ein weiterer Aspekt wäre die zunehmende Verstädterung. Auf dem Land oder in einer Kleinstadt ist der Status in der Gemeinschaft von entscheidender Bedeutung. So wird in ländlichen Regionen naturgemäß ein strengeres und engeres Normsystem vorherrschen (unterstützt durch ein informelles „Tratsch-Klatsch-System“), als in mehr oder minder anonymen (Groß-)Städten.

Eine Verinnerlichung von Normen, besonders von Normen, die sich auf bestimmte Höflichkeitsrituale beziehen (wie etwa das Grüßen von Nachbarn oder fremden Personen auf der Straße), wird in Städten zunehmend an Bedeutung verlieren. Man hätte schließlich viel zu tun, würde man in einer Einkaufspassage einer Großstadt alle Personen grüßen (und würde evtl. als verrückt erklärt werden). In ländlichen Regionen würde man dagegen als unhöflich gelten, wenn man Leute nicht grüßen würde, denen man auf der Straße begegnet.

Auch Normen des Beistandes und der alltäglichen Hilfe verlieren in Städten ihren Stellenwert. So wird in einem großen, anonymen Hochhaus, in dem sich die Nachbarn meist noch nicht einmal kennen, die Nachbarschaftshilfe kaum großgeschrieben werden. Soziale Kontakte in

Großstädten minimieren sich oder werden unverbindlicher, was viele Normen überflüssig werden lässt.

Leider verlieren auch Normen, die das soziale und humane Miteinander regeln, immer mehr (und besonders in Großstädten) an Bedeutung. Nächstenliebe, Hilfe, Beistand und Fürsorge ist in Großstädten mit oft weniger engen, oberflächlichen Sozialbeziehungen und nur flüchtigen, vorübergehenden Kontakten immer seltener geworden. Vielen erscheint auch die Verinnerlichung der dementsprechenden Normen in der heutigen (egoistisch und materiell ausgerichteten) Gesellschaft nicht mehr zeitgemäß und notwendig zu sein.

Hier stellt sich die Frage, wie weit diese Entwicklung noch fortschreiten wird und ob es nicht (auch längerfristig gesehen) sinnvoller wäre, wieder mehr ins „Humankapital" und in eine stärkere Norminternalisierung zu investieren, damit unsere Gesellschaft auch in Zukunft noch nach den sozialen Grundfesten, d.h. menschlich, funktioniert.

5 KONTROLLE UND SANKTION

Normen werden vielfach kontrolliert und überwacht; Normbrüche werden in der Regel bestraft. In diesem Fall spricht man allgemein von einer Sanktion.

Doch wir wollen noch etwas genauer sein: Sanktionen müssen nicht zwangsläufig negativ sein, man kann ein bestimmtes Verhalten auch positiv sanktionieren, d.h. loben oder belohnen. Dabei kann es sich lediglich um ein freundliches Lächeln, ein lobendes Wort, aber auch um Geschenke, Beförderungen, Preisverleihungen oder Ähnliches handeln.

Allgemein könnte man sagen, dass Sanktionen (gesellschaftliche) Reaktionen auf ein bestimmtes Verhalten darstellen, wobei man hier noch weiter (neben den negativen und positiven Sanktionen) zwischen den formellen und informellen Sanktionen unterscheiden kann.

Formelle Sanktionen werden meist von einer dazu speziell autorisierten/legitimierten „Macht" (z.B. die Polizei, das Gericht, der Staat, eine Stadt/Gemeinde) durchgeführt, und zwar nach genau definierten und in aller Regel auch schriftlich fixierten Regeln (Sanktionsnormen). Diese legen fest, welche Sanktionsmittel im Einzelfall angewandt werden dürfen und ggf. auch wie die Sanktionsdurchführung vonstattengehen darf.

Informelle Sanktionen dagegen werden meist von der geschädigten Person selbst, d.h. von demjenigen, der durch den Normbruch einen Schaden erlitten hat, durchgeführt. Dabei kann es sich beispielsweise um Spott und Beleidigungen, Grußverweigerung, üble Nachrede, Abbruch des Kontakts, Missachtung, Verachtung oder um ein demonstratives Ignorieren des Normbrechers handeln.

In der Regel sind informelle Sanktionen weniger schwerwiegend als formelle Sanktionen, können unter Umständen jedoch auch für den Normbrecher sehr gravierend sein (durch psychischen Schaden, etwa bei schweren Formen des Mobbings, der Stigmatisierung etc.). Man denke dabei etwa an die informelle Sanktionierung und Stigmatisierung homosexueller Paare, die noch Jahrzehnte nach der Beendigung der formellen Sanktionierung (d.h. nach der Abschaffung des Paragrafen 175 StGB) in vielen Bevölkerungsschichten und in zahllosen alltäglichen Situationen stattfand (und leider noch immer in Einzelfällen stattfindet).

Sind die formellen Sanktionen auch längst abgeschafft, so kann ein bestimmtes Verhalten informell noch lange weiterhin sanktioniert werden. Dies zeigt sich nicht nur im obigen Beispiel hinsichtlich homosexueller Beziehungen, auch Abtreibungen, die von juristischer Seite her in vielen Fällen legitim geworden sind, werden innerhalb der katholischen Kirche vollständig und rigide abgelehnt.

Positive Sanktionen sind meist informeller Natur, was nicht verwundern mag. Eine Privatperson kann eine andere Person sehr leicht für ein bestimmtes Verhalten positiv sanktionieren (etwa jemanden mit einem kleinen Geschenk für eine Hilfeleistung „belohnen").

Von staatlicher Seite aus gestaltet sich dies wesentlich schwieriger bzw. würde auch wenig sinnvoll sein. In realiter wäre es beispielsweise nicht so leicht und nicht sinnvoll, Autofahrer für das Richtigparken mit kleinen Geschenken zu beglücken oder korrekte Steuerzahler mit einem Dankesschreiben zu „belohnen".

Des Weiteren können wir zwischen spezifischen und unspezifischen Sanktionen unterscheiden. Spezifische Sanktionen sind klar erkennbare Sanktionen (z.B. Bestrafung, Kontaktabbruch). Unspezifische Sanktionen sind meist verschleierte informelle Sanktionen, z.B. der Entzug bestimmter gesellschaftlicher Begünstigungen (man zieht beispielsweise einen Normbrecher in wichtigen Dingen nicht mehr ins Vertrauen oder verhält sich ihm gegenüber distanzierter und weniger freundlich).

Die Wirksamkeit von Sanktionen hängt von einer Vielzahl von Faktoren ab (z.B. von der Härte/Schwere der Sanktionen, der Akzeptanz der Sanktionen beim Normbrecher oder davon, wie stark das Leben oder die soziale Position des Normbrechers durch die Sanktion negativ beeinflusst wird).

Im Unterschied zu den Abweichungen von einer sozialen Gewohnheit (die bei anderen Personen lediglich eine mehr oder minder große Verwunderung, allenfalls so etwas wie eine Verstimmung hervorrufen), haben die negativen Reaktionen (Sanktionen) auf Normbrüche ein weitaus größeres Gewicht und benötigen (zumindest im gewissen Maße) eine „Gruppenöffentlichkeit", eine dritte Person sozusagen, die unterstützend wirkt. Würde der Geschädigte ohne eine „Öffentlichkeit" im Hintergrund auf einen Normbruch strafend reagieren, bliebe dies (wie auch der Normbruch selbst) eine reine Privatangelegenheit zwischen zwei Personen.

Schauen wir uns dies an einem Beispiel an:

Macht eine Bekannte eine verletzende Bemerkung über meine neue Frisur, kann ich beleidigt sein und als „Rache" bei Gelegenheit ein Kleidungsstück dieser Bekannten kritisieren. Hier wird keine soziale Norm im eigentlichen Sinne verletzt und keine dritte Person hätte hier ein Interesse daran, eine sanktionierende Reaktion meinerseits in irgendeiner Hinsicht zu unterstützen. Gehe ich jedoch zum Friseur und die Friseurin schneidet mit ein großes Loch in meine Haare, so könnte ich mich als Sanktion weigern, für diesen Haarschnitt etwas zu bezahlen (und ggf. Schadensersatz wegen Körperverletzung verlangen, falls eine Nachbesserung nicht möglich wäre) und hätte ganz bestimmt die „Gruppenöffentlichkeit" (unterstützt auch durch die Rechtslage) auf meiner Seite.

Der Normbruch muss somit von der Gruppenöffentlichkeit missbilligt und die Sanktion dem Geschädigten von Dritten zugebilligt werden, damit man tatsächlich vom Bruch einer sozialen Norm und einer Sanktion sprechen kann.

Popitz weist darauf hin, dass Sanktionen, wenn man sie isoliert betrachtet, d.h. unabhängig von einem Normbruch, ebenfalls Normbrüche darstellen würden. Bekomme ich beispielsweise in einem Restaurant ein wirklich ungenießbares Essen serviert, kann ich auf einen Ersatz bestehen oder mich weigern, das Essen zu bezahlen. Beides wären gesellschaftlich gebilligte Sanktionen auf den Normbruch des Restaurants. Ist das Essen dagegen objektiv betrachtet genießbar, schmeckt mir aber aus irgendwelchen Gründen nicht, würde meine Weigerung, für das Essen zu bezahlen, einen Normbruch meinerseits darstellen. Sanktionen müssen daher durch die gesellschaftliche Öffentlichkeit sozusagen „legitimiert" sein, damit sie nicht ebenfalls zu Normbrüchen werden.

In manchen Fällen ist auch die konkrete Durchführung einer negativen Sanktion gar nicht notwendig und es reicht lediglich eine Sanktionsdrohung aus (etwa eine Verwarnung der Polizei) bzw. eine relativ hohe Sanktionswahrscheinlichkeit (beispielsweise das Aufstellen einer Radarfalle, unabhängig davon, ob sie funktioniert oder nicht), damit Normen befolgt werden. Auch das (direkte oder indirekte) Miterleben, wie andere Normbrecher für bestimmte Handlungen negativ sanktioniert werden (zum Beispiel über das Strafrecht) genügt in vielen Fällen, Normbrüche zu verhindern (abschreckende Wirkung des Strafrechts).

Ebenso muss nicht immer die Sanktion von anderen Personen oder Institutionen vorgenommen werden. Auch der Normbrecher kann sich selbst für sein abweichendes Verhalten sanktionieren, etwa durch eine Selbstanzeige, eine Beichte etc. Hier „erledigt" der Normbrecher jedoch nicht allein die Sanktion, sondern tritt sozusagen in „Arbeitsteilung“ mit den Behörden, der Kirche etc.

Negative Sanktionen garantieren jedoch keineswegs eine lückenlose Normkonformität. Sie können Normbrüche oder Normabweichungen verhindern oder zumindest reduzieren, müssen dies aber nicht zwangsläufig tun.
Von großer Bedeutung sind hier vor allem noch folgende Faktoren:

Zum einen ist die Sanktionsbereitschaft ausschlaggebend, d.h. ob und wenn ja, in welchem Umfang die Sanktionssubjekte Normbrüche überhaupt sanktionieren oder sanktionieren wollen (manche verzichten auch bewusst auf eine Sanktion).

Zum anderen ist die Sanktionsmöglichkeit wichtig, d.h. ob und in welchem Ausmaß andere überhaupt Sanktionen durchführen können (oft fehlt es den Sanktionssubjekten an der nötigen Macht, um sich beim Normbrecher durchsetzen zu können).

Last but not least spielt auch die Sanktionswahrscheinlichkeit eine große Rolle. Ist diese sehr gering, so wird es zwangsläufig zu sehr vielen Normbrüchen kommen. Dies sehen wir alltäglich beispielsweise im Straßenverkehr. Hier gibt es eine sehr hohe Anzahl an Geschwindigkeitsübertretungen, weil die Wahrscheinlichkeit eines Strafzettels in den meisten Fällen sehr gering ist.

Ein weiterer wichtiger Punkt ist das begrenzte Wissen. Nicht jeder Normverstoß kann einer Person eindeutig zugeordnet werden. Oft wird die Tat zwar aufgedeckt, bleibt aber unaufgeklärt, da der Täter unbekannt ist (z.B. bei Diebstählen). Andere Normbrüche bleiben dagegen völlig unentdeckt, d.h. Tat und Täter bleiben unbekannt (etwa bei sexuellem Missbrauch, hier geht man von einer sehr hohen Dunkelziffer aus). Bei sehr schweren Straftaten (z.B. bei Mord und Totschlag) herrscht i.d.R. eine sehr hohe Sanktionsbereitschaft, was auch zu einer hohen Aufklärungsrate führt.

Andere Normverstöße dagegen, die offiziell zwar kriminell sind, werden in der Bevölkerung oft toleriert, etwa Schwarzarbeit, der Konsum von bestimmten Drogen (Haschisch, leichtere Partydrogen) oder illegales Glücksspiel. Hier gibt es teilweise eine geringe Sanktionsbereitschaft von Seiten der Bevölkerung und infolgedessen oft auch eine geringe Sanktionswahrscheinlichkeit von offizieller Seite (durch die geringe Mithilfe der Bevölkerung, auf die staatliche Organe zum Großteil angewiesen wären).

Es gibt allerdings auch (schwerwiegende) Normbrüche, die weder von der Bevölkerung toleriert noch von offizieller Seite akzeptiert werden und trotzdem eine sehr geringe Sanktionswahrscheinlichkeit aufweisen. So ist etwa bei Kindesmisshandlungen die Sanktionsrate sehr gering, obwohl hier (fast) jeder (zumindest theoretisch) bemüht ist, Tat und Täter zu ermitteln.

Anhand dieser Beispiele wird schnell klar: Eine Sanktion ist eine sehr vielschichtige und facettenreiche Angelegenheit und letztendlich nicht klar in ein Definitionsschema zu pressen.
Wenden wir uns trotzdem noch einmal einer allgemeinen Frage zu und überlegen:

Inwiefern ist eine Sanktion überhaupt wichtig und sinnvoll? Und: Sind Normbrüche auch sinnvoll?

Trotz aller Unterschiede und Details ist und bleibt wohl eines unstrittig: Normverstöße müssen bestraft werden. Doch warum? Zur Wiedergutmachung (oder als Rache)? Das wäre sicherlich zu trivial.

Wenn Person A etwas tut, was Person B schadet, so möchte Person B sicherlich mit einer Sanktion seine Enttäuschung, sein Missfallen, seine Verletzung und die Nicht-Toleranz dieser Handlung zum Ausdruck bringen. Doch das nicht allein. Die Sanktion von Person B bringt nicht nur die Ablehnung der Handlung von Person A zum Ausdruck (Person A wäre ohne die Sanktion vielleicht gar nicht bewusst, dass sie Person B geschadet hat), sondern diese Sanktion hat auch den Zweck, eine weitere ähnliche Handlung von Person A in Zukunft zu verhindern. Die Sanktion verdeutlicht somit noch einmal eine gewisse Verhaltenserwartung, die Person B gegenüber Person A hat (nämlich eine andere als die geleistete) und signalisiert gleichzeitig eine weitere Sanktionsbereitschaft, sollte Person A sich zukünftig in ihrem Verhalten nicht ändern. Dies kann man natürlich als eine Art Drohung oder imperative Härte auslegen und verstehen als: „Ich will, dass du so handelst, und wenn nicht, dann tue ich [...]“ Andererseits kann Person A auch aus dieser Sanktion eine gewisse Verhaltensorientierung gewinnen (Person A wusste ggf. gar nicht, wie sie sich in einer bestimmten Situation oder einer bestimmten Person gegenüber zu verhalten hat und wird dies in Zukunft berücksichtigen, ist in gewissem Sinne froh um diese „Orientierungshilfe“).

Unser tägliches Miteinander ist mit vielen kleinen Sanktionen behaftet, ohne dass uns dies immer bewusst wird. Meist ist es gar nicht nötig, ausdrücklich dem anderen eine Sanktionsdrohung (verbal oder wortlos) zu übermitteln oder ihm eine Sanktionsbereitschaft ausdrücklich zu signalisieren. Vieles versteht sich von selbst oder kann durch kleine Gesten, Blicke oder Ähnliches im Vorfeld aus der Reaktion des anderen „gelesen“

werden, ohne dass es zu einer wirklichen (oder härteren) Sanktion kommen muss.

Trete ich etwa einen neuen Arbeitsplatz an und weiß meine neuen Kollegen noch nicht richtig einzuschätzen, kann ich das „Normgefüge", das in diesem Betrieb unter Kollegen herrscht, auch erst einmal vorsichtig abschätzen. Bin ich beispielsweise zu formal und spreche kein privates Wort, kann ich unter Umständen am Gesichtsausdruck meines Kollegen erkennen, dass er mich für arrogant und zu distanziert hält. Rede ich dagegen zu viel, was nicht zur eigentlichen Arbeit gehört, so kann ich auch an gewissen harmlosen Reaktionen der Kollegen (etwa Stirnrunzeln, Themawechsel zum geschäftlichen Bereich) erkennen, dass hier allgemein ein überwiegend formell-geschäftliches Miteinander erwünscht ist. Erst wenn man gewisse „Vorboten" des Missfallens nicht erkennt, wird es zu eigentlichen Sanktionen kommen.

Andere, ähnliche Beispiele gibt es im zwischenmenschlichen Bereich in zahlreicher Form. Man denke hier nur an ein alltägliches Eheleben. Hier kommt es immer wieder und tagtäglich zu Aktionen, Reaktionen, kleinen und großen Missfallensbekundungen, versteckten „Sanktionsdrohungen" und kleinen, aber für den anderen klar erkennbaren, Sanktionen. Gerade am Anfang einer Beziehung ist dies natürlich auch überaus sinnvoll und wichtig. Nur so kann man sich gegenseitig kennenlernen, die Wünsche und Abneigungen des anderen einschätzen, tolerieren (und natürlich auch schätzen) lernen.

Ob im privaten oder im geschäftlichen Bereich bzw. im politischen, staatlichen oder anders gearteten hierarchischen Bereich, stets sind Sanktionen auch (mehr oder minder) Machtfragen. Wobei nicht immer nur der Stärkere mit Sanktionsdrohungen und dem Signalisieren einer Sanktionsbereitschaft dem Schwächeren „drohen" kann, auch der (vermeintlich) Schwächere vermag oft das Verhalten des Überlegenen durch Sanktionen (oder Sanktionsdrohungen) zu beeinflussen, etwa durch passiven Widerstand, Entzug bestimmter emotionaler „Vergünstigungen" oder durch Einschränkung der Dienstbeflissenheit bzw. Verweigerung von freiwilliger Mehrarbeit (beim Arbeitnehmer).

Kurzum: Es lässt sich „auch von unten nach oben irgendwie zu verstehen geben, dass man gewisse Erwartungsenttäuschungen nicht reaktionslos hinnehmen wird"[115], wie Popitz betont. Denn wenn, wie Popitz weiter bemerkt, „in einer Beziehung noch ein Gran Freiwilligkeit und Bewegungsfreiheit enthalten ist, [...] gibt es Sanktionsbereitschaft"[116],

115 Popitz, Heinrich: Soziale Normen, S. 84.

116 Ebenda, S. 84.

denn „soweit wir frei handeln können, können wir auch negativ reagieren“[117].

Doch in welchem Ausmaß sind (negative) Sanktionen sinnvoll?

Wie oft sollten sie erfolgen?

Konsequent bei jedem Normbruch?

Wäre eine Gesellschaft überhaupt möglich und vorstellbar, in der tatsächlich umfassend und lückenlos sanktioniert wird?

Sicherlich nicht, denn dies würde einen „gläsernen Menschen“ voraussetzen. Um jeden Normbruch sanktionieren zu können, wäre es notwendig, dass sich die Menschen restlos wechselseitig kennen und über wirklich alles (!) informiert sind – oder aber bestimmte Institutionen existieren, die jeden Menschen bis ins kleinste Detail „durchschauen“ (im übertragenen und im wörtlichen Sinne). Und wer möchte schon in einer solchen Gesellschaft leben? Dies wäre eine „Big Brother“-Gesellschaft in ihrer härtesten Form, die sich sicherlich niemand wünschen würde.

Glücklicherweise würde eine totalitäre Überwachung eines jeden einzelnen Menschen noch immer zu große technische bzw. finanzielle (aber natürlich auch ethische) Probleme aufwerfen. Auch organisatorisch wäre dies wohl kaum umzusetzen.

Hinzu kommt, dass im (privaten) gesellschaftlichen Bereich in der Regel von Natur aus bestimmte innere psychische Grenzen vorhanden sind, die den Menschen daran hindern, anderen Personen allzu viel von sich selbst zu offenbaren (allenfalls bestimmten, auserwählen Personen, wie engen Angehörigen oder besten Freunden, jedoch auch nur, weil man diesen Personen vertraut und davon ausgeht, dass sie bestimmte persönliche Vertraulichkeiten nicht nach außen tragen).

Auch existieren einige gesellschaftliche Regeln, die verhindern, dass bestimmte private Angelegenheiten einer breiten Öffentlichkeit zugänglich werden (z.B. die ärztliche Schweigepflicht, das Beichtgeheimnis, der Schutz persönlicher Rechte in den Medien etc.).

Doch nicht nur eine völlige Überwachung von Normübertretungen, auch die totalitäre Sanktionierung aller entdeckter Normbrüche würde wenig Sinn ergeben. Denn „was die Sanktionen betrifft, so hängt deren abschreckende Wirkung (auch) davon ab, wie häufig sie erfolgen. Diese Waffe kann sich nämlich abnutzen, mithin stumpf werden und also ihre Wirkung einbüßen“[118], wie Bellebaum zu bedenken gibt.

---

117 Popitz, Heinrich: Soziale Normen, S. 84.

118 Bellebaum, Alfred: Soziales Handeln und soziale Normen, S. 76.

Man stelle sich einmal vor, jeder Normbruch würde entdeckt und bestraft werden. Schnell würde klar werden, dass sich die Norm an ihrer Überstrapazierung selbst ruinieren würde, denn kein System und keine Privatperson könnte es auf Dauer aushalten, dass lückenlos jede Verfehlung ans Tageslicht kommt und sanktioniert wird. Normen sind auch dazu da, dass sie übertreten werden. Wie eingeschränkt wäre ich im Alltag, müsste ich mich einer totalen Normüberwachung unterwerfen. Jeder Schritt, jede kleine Handlung wäre vorprogrammiert, kein Spielraum für eine individuelle Handlungsentscheidung bliebe mir noch. Ein wirklich unfreies Leben würde sich mir da auftun.

Neben einem klar begrenzten Geltungsbereich muss eine Norm somit auch andererseits in einem bestimmten Rahmen entlasten und den handelnden Personen einen gewissen Freiraum zubilligen. Eine solche Entlastung schafft nach Popitz eine Informationsbegrenzung, die verhindert, „dass gleichsam die Zahnräder des normativen Verhaltenssystems allzu eng in die ungeschliffene Lebensrealität […] eingreifen“[119].

Denn Normen haben seiner Meinung nach „zwangsläufig etwas Starres […], etwas Überforderndes. […] Diese Starrheit entspricht dem Anspruch jeder Normsetzung, Regelmäßigkeiten durchzusetzen, Verhalten zu binden, zu fixieren, voraussehbar zu machen“[120], ein Zwang, den keiner in absolut undurchlässiger Form auf Dauer ertragen könnte. Eine Norm muss daher seiner Ansicht nach auch ein „Ausweichen, eine Entdramatisierung“[121] gewähren müssen, „die letztlich ebenso der guten Meinung dient, die wir uns voneinander […] bilden“[122].

Verdeutlichen wir uns dies an einem einfachen Beispiel:

Habe ich von meinen Nachbarn einen guten Eindruck, weil sie immer freundlich grüßen, mir evtl. auch kleine Hilfsdienste leisten (etwa für mich ein Paket annehmen, oder mir hin und wieder etwas leihen), so ist dies für das soziale Miteinander in diesem Wohngebiet allgemein und für mich persönlich sehr wichtig. Was wäre, wenn ich zu weit hinter die Kulissen schauen könnte und zu viel von ihnen erfahren würde? Mein Bild, das ich mir von ihnen gemacht habe, und das größtenteils positiv ausgefallen war, könnte leicht in dramatischer Art und Weise zerstört werden. Wüsste ich etwa, dass der Nachbar seine Frau mit einer Kollegin betrügt und für einen Bekannten schwarz arbeitet, seine Frau wenig Hygiene in

119 Popitz, Heinrich: Soziale Normen, S. 167.

120 Ebenda, S. 166–167.

121 Ebenda, S. 167.

122 Ebenda, S. 167.

der Küche und im Bad walten lässt, die 13-jährige Tochter einen Lippenstift im Drogeriemarkt gestohlen hat, der 16-jährige Sohn letzten Samstag betrunken im Park mit seinen Freunden randaliert und Dinge zertrümmert hat usw. – wie schnell müsste ich da mein positives Gesamtbild revidieren? Wie gut, dass man nicht alles voneinander weiß.

In manchen Fällen kann auch ein bewusster Informations- und/oder Sanktionsverzicht überaus sinnvoll sein, etwa in der Erziehung der Kinder/Schüler oder gegenüber dem Arbeitnehmer.

Einmal über Kleinigkeiten bzw. geringfügige Normübertretungen hinwegzusehen, heißt auch, dem anderen einen Toleranzspielraum zu schenken. Wer jede Erziehungsregel und jede Vorschrift um jeden Preis durchsetzen will, verliert nicht nur sehr schnell an Ansehen, er erreicht damit oft auch das Gegenteil: nämlich dass gerade aus Frust und übergroßer Einengung Normen vermehrt übertreten werden. Manchmal ist es schlau, sich dumm zu stellen und Normabweichungen bewusst zu ignorieren – auch um eine gut funktionierende (wie auch immer geartete) Beziehung nicht zu gefährden. Kinder, Schüler und Arbeitnehmer werden sehr schnell demotiviert, wenn jeder Fehler sofort sanktioniert wird und entwickeln – wenn eine gewisse Grenze überschritten wird – zwangsläufig eine negative Grundeinstellung, die beiden Parteien schadet. Gerade in der Erziehung ist es u.a. auch sehr wichtig, dem Kind einen Vertrauensvorschuss in seine Selbstständigkeit zu schenken – und dies geht nur über ein bewusstes Hinwegsehen bestimmter Übertretungen. Passivität und Vertrauen in ein inneres Sanktionssystem ist manchmal wichtiger und sinnvoller als eine äußere Sanktionsreaktion.

Andererseits kann jedoch auch jemand sanktioniert werden, der nicht sanktioniert, wie wir bereits bei Axelrod gesehen haben. Ein bewusster Sanktionsverzicht kann ebenso wie der primäre Normbruch zu Sanktionen führen. Greift man in bestimmten Situationen nicht regelnd ein, wenn eine Norm übertreten wird, kann man dadurch selbst eine Norm übertreten. Beobachte ich etwa eine Straftat und greife nicht ein, melde es noch nicht einmal der Polizei, werde aber bei meiner Passivität ertappt, so werde ich mich dafür rechtfertigen und evtl. auch mit Sanktionen rechnen müssen. Wann, wie oft und ob sanktioniert wird, ist somit stets situationsbedingt zu entscheiden und oftmals eine Ermessensfrage.

Doch ganz allgemein kann man sagen:

Sanktionen sind unerlässlich für die Verdeutlichung einer Norm, aber sie müssen quantitativ beschränkt bleiben. In einer Gesellschaft, in der jeder, der ertappt wird, auch bestraft wird, würde eine gefängnisartige Stimmung herrschen. Zudem wären die Sanktionsinstanzen heillos überfordert. Wäre es trotz allem (für einen gewissen Zeitraum) durchsetzbar, so würde sich sicherlich schon sehr bald zeigen, dass die Geltung der Norm an Bedeutung verlieren würde.

Normen können auch „zu Tode sanktioniert werden“[123], wie Popitz dies ausdrückt. Wenn jeder ständig bestraft wird, eine Sanktion überstrapaziert wird, verliert die Strafe ihren Schrecken, weil sie alltäglich geworden ist. Die Sanktion unterstützt dann nicht mehr die Norm, sondern stellt vielmehr ihren Sinn in Frage.

Schauen wir uns hierzu wieder ein Beispiel aus dem Alltag an:

Jeder hat dies sicher schon in der einen oder anderen Form erlebt. Eine (meist hilflos wirkende) Mutter schreit unentwegt ihr Kind an mit den Worten „Das darfst du nicht!“ oder „Lass das!“ und „Gleich kannst du etwas erleben!“, doch mit wenig oder gar keinem Erfolg.

Warum ist das so?

Diese ständige (manchmal gebetsmühlenartige) Wiederholung einer Sanktionsdrohung wird schon sehr bald von dem Kind gar nicht mehr ernst (oder sogar kaum mehr wahr-) genommen, wird schließlich nur noch zu einem lästigen Hintergrundgeräusch.

Ähnliches kann man übrigens auch bei Hundebesitzern erleben, die ihrem bellenden Hund ohne Unterlass den Befehl „Aus“ entgegen schreien, womit sie nicht selten sogar das Gegenteil erzeugen, nämlich ein noch verstärktes, aggressiveres Bellen. Auch hier gilt: Weniger wäre mehr. Autorität kann man sich so nicht verschaffen. Respekt erhält in der Regel nur derjenige, der einmal (!) überzeugend mit einer Sanktion droht und die Sanktionen/Strafen nicht überstrapaziert (was eine Person, die sich genug Respekt verschaffen konnte, auch gar nicht nötig hat. Sie wird auch ohne Sanktionsdrohung oder durchgeführte Sanktionen ernst genommen).

Doch wenden wir unsere Aufmerksamkeit noch einmal dem Normbruch an sich zu.

Hat auch er eine Bedeutung?

Die Soziologen Emile Durkheim, George Herbert Mead und Theodor Geiger würden hier mit einem entschiedenen „Ja“ antworten.

Eine Strafe oder Sanktion hat einen gesellschaftlichen Sinn und Nutzen. Sie erhält und schützt nicht nur eine soziale Norm, sondern verdeut-

123 Popitz, Heinrich: Soziale Normen, S. 171.

licht auch ihre Funktion und Bedeutung. Eine negative Reaktion auf einen Normbruch ist nicht nur die Strafe eines Einzelnen, sondern bringt gleichzeitig auch die Verletzung der Kollektivgefühle (Durkheim) zum Ausdruck. Denn: Nicht nur eine einzelne Person, sondern eine ganze Gesellschaft hat Interesse daran, dass eine Norm am Leben erhalten und ggf. sanktioniert wird.

Zudem stärkt die Sanktion eines Einzelnen den Zusammenhalt der ganzen Gruppe/Gesellschaft, wirkt sich positiv auf die Solidarität aus. Indem eine Person, die gegen eine Norm verstoßen hat, sanktioniert wird und somit allgemein eine ablehnende und negative Haltung gegen diese Person demonstriert wird, kann sich die Gruppengemeinschaft wieder aufs Neue konstituieren (George Herbert Mead).

Die Sanktion verteidigt sozusagen diejenigen, die von innen heraus gehorsam sind (Geiger), nur so kann das freiwillige Einhalten der Norm gewährleistet werden. Denn wer hat schon Lust sich normkonform zu verhalten, wenn andere straffrei die Norm brechen dürfen?

Sanktionen besitzen somit eine nicht zu vernachlässigende Funktionalität für das Normensystem an sich, denn sie stabilisieren den sozialen Zusammenhalt, sorgen für inneren und äußeren Frieden in einer Gemeinschaft bzw. Gesellschaft.

Als ein extremes Beispiel hierfür wäre die Hexenverfolgung im Mittelalter aufzuführen. Hier wurde die (ungerechtfertigte) Verfolgung und Bestrafung (unschuldiger) Frauen zu einem Paradeakt dafür, wie solidarisch eine gemeinsame Bestrafung wirkt, wie eng die gemeinsame Sanktion eine Gruppe zusammenhält und sich gegen „Abweichler" richtet.

Die Nützlichkeit von Normbrüchen und ihrer Bestrafung zeigt sich natürlich auch in anderer Hinsicht. Eine Strafe/Sanktion sorgt für Sühne und Vergeltung, kann durch Abschreckung bei anderen Personen weitere Normbrüche verhindern (Strafprävention) und kann auch bei dem Normbrecher selbst zu einer „Besserung" und auch zu einer psychischen Entlastung führen (d.h. sein Gewissen kann durch eine offizielle Bestrafung beruhigt werden, somit kann der „Täter" mit der „Tat" auch irgendwann abschließen und eine innere und äußere Resozialisierung beginnen).

Sanktionsnormen gibt es in nahezu allen Gesellschaften und dies nicht ohne Grund. Sie erfüllen eine Vielzahl von Funktionen, wie wir gesehen haben. Doch wie kann es überhaupt gelingen, Sanktionen durchzusetzen? Oder anders gefragt: Wie kann dafür gesorgt werden, dass bei einem Normbruch und einem Sanktionskonflikt sich derjenige Kontrahent durchsetzen wird, der den Normbruch sanktionieren will? Wie kann verhindert werden, dass Normbrecher straffrei und unsanktioniert „davonkommen"?

Wie so vieles im Leben ist auch dies eine Frage der Macht. Somit stellt sich also nun die Frage: Was kann die Machtwillkür eines Normbrechers eindämmen?

Popitz beantwortet diese Frage (in Anlehnung an Locke) wie folgt: Eine Machtwillkür „kann nur verhindert werden durch übergeordnete Instanzen, die den Sanktionskonflikt entscheiden. Instanzen, die mächtiger sind als der Mächtigste der Kontrahenten"[124].

Ein Dritter muss somit in den Konflikt eingreifen, kann eine Machtwillkür verhindern und für eine Machtverlagerung sorgen. Diese dritte Person muss nicht der Staat, ein Gericht oder dergleichen sein, hier kann es sich auch schlicht und ergreifend um die Gruppenöffentlichkeit bzw. Gesellschaft handeln.

Erschwerend kann natürlich hinzukommen, dass der Normbrecher selbst auch von einer bestimmten Gruppe in seinen Interessen unterstützt wird. Wenn etwa ein Bandenmitglied eine Straftat (Einbruch) begangen hat, wird dieser Normbrecher mit großer Wahrscheinlichkeit von „seiner" Gruppe (der Bande) gegen die allgemeine Gruppenöffentlichkeit solidarisch unterstützt werden (mit einer Aussagenverweigerung, mit einem falschen Alibi oder dergleichen). So kann die ausgleichende Macht des Dritten (Polizei) bei einem Sanktionskonflikt (zwischen Dieb und Bestohlenem) geschwächt oder ganz in der Ausübung seiner Funktion gehindert werden.

Natürlich kann es auch passieren, dass die Eigengruppe des Normbrechers ihre Solidarität reduzieren oder ganz einstellen wird, weil sie mit dem Verhalten ihres Gruppenmitglieds nicht einverstanden ist und dann auf die andere Seite wechseln wird, d.h. auf die Seite des sanktionierenden Dritten. Dies kann man beispielsweise beobachten, wenn Eltern ihre Tochter oder ihren Sohn zunächst solidarisch unterstützen, dann aber feststellen, dass die Tat ihres Kindes doch so schwer wiegend war (etwa bei Mord, schwerer Körperverletzung etc.), dass sie es auf Dauer vor sich selbst nicht verantworten können, hier gruppensolidarisch zu helfen.

Die Durchführung bzw. Durchsetzung von Sanktionen, die Sanktionsstärke und die Sanktionswahrscheinlichkeit sind also von einer Vielzahl von Faktoren abhängig, wie wir bereits gesehen haben.

Doch noch zwei weitere Faktoren, die bisher nur am Rande erwähnt wurden, sind hier von zentraler Bedeutung: Der Wirkungsgrad (d.h. das

---

124 Popitz, Heinrich: Soziale Normen, S. 112.

Befolgen oder Nichtbefolgen einer Norm) und der Geltungsgrad (d.h. der Grad der Akzeptanz einer Norm).

Schauen wir uns den Zusammenhang zwischen Wirkungsgrad, Geltungsgrad und Sanktion einmal anhand von verschiedenen Normarten an (Bellebaum entwirft hierzu ein idealtypisches Modell, das ich im Folgenden etwas verkürzt und modifiziert wiedergeben möchte).

Bei einer Idealnorm liegt der Wirkungs- und Geltungsgrad bei nahezu 100 %, auch die Sanktionswahrscheinlichkeit (und -stärke) ist sehr hoch. Als ein Beispiel hierfür wäre die Norm, die Mord und Totschlag verbietet, zu nennen.

Bei einer so genannten „Selbstverständlichkeitsnorm" sind zwar auch Wirkungs- und Geltungsgrad sehr hoch, doch ist die Sanktionierung eher gering. Dies kann man etwa beim Verbot „kein Alkohol am Steuer" beobachten.

Eine „Zwangsnorm" dagegen hat einen geringen Wirkungsgrad, jedoch sind der Geltungsgrad und die Sanktionsbereitschaft sehr hoch. Dies war beispielsweise beim Verbot des Schwangerschaftsabbruchs vor der Reform des Paragrafen 218 der Fall gewesen.

Eine „informelle Norm" zeichnet sich durch eine hohe Sanktionsbereitschaft, einen hohen Wirkungsgrad, aber einen geringen Geltungsgrad aus. Dies ist etwa bei der informellen, nicht institutionalisierten Norm in den USA der Fall (gewesen), die fordert, dass eine junge Frau unberührt in die Ehe gehen müsse.

Bei einer „Pseudonorm" ist nur noch der Geltungsgrad sehr hoch, der Wirkungsgrad und die Sanktionsbereitschaft haben sich mit der Zeit immer mehr abgeschwächt und sind nur noch auf sehr niedrigem Niveau vorhanden.

Dies ist beispielsweise bei dem Verbot, die sekundären weiblichen Geschlechtsmerkmale in der Öffentlichkeit zu entblößen, der Fall. Dies gilt zwar offiziell noch immer als Erregung öffentlichen Ärgernisses, wird aber oft und vielerorts (etwa beim Sonnenbaden auf Liegewiesen) akzeptiert und nicht mehr geahndet.

Die „Residualnorm" ist noch immer wirksam, obwohl ihr Geltungsgrad und die Sanktionsbereitschaft sehr gering sind. Sodomie ist, wie viele nicht wissen, schon seit 1969 nicht mehr strafbar, trotzdem wird sie in weiten Teilen der Bevölkerung geächtet.

Bei einer „Formalnorm" besteht trotz eines geringen Geltungs- und Wirkungsgrades noch immer eine große Sanktionsbereitschaft. Dies ist etwa, kurz bevor die kleine Strafrechtsreform in Kraft treten konnte, der Fall gewesen. Zwar war man schon übereingekommen, dass Homosexualität straffrei bleiben solle, doch mussten die Richter bis zum Wirksamwerden der Reform noch immer homosexuelle Handlungen nach dem Gesetz nach bestrafen.

Bei einer „Exnorm“ sind sowohl der Wirkungs- und Geltungsgrad als auch die Sanktionsbereitschaft sehr gering bzw. nicht mehr vorhanden. Man denke dabei etwa an die früher geltende Norm, dass ein Herr den Hut zum Gruß anhebt, wenn er auf der Straße einer bekannten Dame begegnet (eine heute fast undenkbare, sehr veraltete höfliche Geste).

Schon diese acht idealtypischen Beispiele haben gezeigt, wie viele Variationen es hinsichtlich der Geltung, Wirkung und Sanktion einer Norm geben kann. In der Realität sind die einzelnen unterschiedlichen Varianten natürlich noch weitaus größer und differenzierter.

Angesichts dieser Vielfalt zeigte sich auch, dass Normen offenbar (mitunter sehr schnell) wandelbar sind. Eine Idealnorm kann beispielsweise ihren Wirkungsgrad verlieren und zur Zwangsnorm werden. Sinkt die Sanktionsbereitschaft unter ein gewisses Niveau, wird sie zur Pseudonorm und kann schließlich als Exnorm enden.

Das Leben ist Veränderung und Wandel, auch im Hinblick auf gesellschaftliche Normen und Sanktionen. Zusammenfassend können wir nun Folgendes festhalten:

Sanktionen sind nicht nur wichtig, um die Geltung einer Norm zu unterstützen, sondern auch, um die Kollektivgefühle in einer Gesellschaft zu beleben (die durch den Normbruch verletzt wurden). Sie haben somit nicht nur eine Art Vergeltungsfunktion, sondern fördern auch die Solidarität in einer Gemeinschaft.

Darüber hinaus sind Sanktionen als wesentlicher Teil der Normgeltung auch ein „Seismograf des Normwandels“[125], wie Popitz bemerkt, denn in aller Regel wird der Untergang einer Norm durch eine nachlassende Sanktionsbereitschaft eingeläutet.

125 Popitz, Heinrich: Soziale Normen, S. 173.

6 SANKTIONSKOALITIONEN UND GRUPPENKONFORMITÄT

Wie an anderer Stelle bereits erwähnt wurde, sind die Wahrscheinlichkeit und die Wirksamkeit von Sanktionen in vielen Fällen vor allem eine Frage der Macht, speziell dann, wenn sich Außenstehende oder Dritte nicht einmischen wollen oder aber nicht intervenieren können.

Schauen wir uns dies wiederum an einem einfachen, alltäglichen Beispiel an:

Hört beispielsweise ein junger, kräftiger Mann regelmäßig nachts mit seinen Freunden sehr laut Musik, so dass sich die Nachbarn gestört fühlen und nicht schlafen können, so gibt es verschiedene Möglichkeiten darauf zu reagieren. Eine schüchterne, ältere Dame, die allein lebt und nicht viel Kontakt zu den anderen Nachbarn hat, könnte diese Störung hinnehmen, weil sie sich dem jungen, kräftigen Mann und seinen Freunden körperlich unterlegen fühlt und Angst vor einer negativen Reaktion hat. Ohne Unterstützung dritter Personen (z.B. der anderen Mieter des Hauses, oder gar der Polizei, die sie wegen Ruhestörung rufen könnte, oder dem Vermieter des Wohnhauses, den sie davon unterrichten könnte), wäre sie sehr wahrscheinlich gezwungen, stillschweigend und leidend diesen Normbruch hinzunehmen, was im Laufe der Zeit zu weiteren Normbrüchen führen könnte (dazu etwa, dass andere Mieter des Hauses sich ebenfalls nicht mehr an Ruhezeiten halten, beispielsweise sonntags laute Reparaturarbeiten durchführen etc.). Werden diese Art der Normbrüche nicht mehr sanktioniert und schließlich selbstverständlich, könnten im weiteren Verlauf auch andere Punkte der Hausordnung von den Bewohnern missachtet werden (etwa die regelmäßige Treppenhausreinigung etc.) Stellen wir uns die Situation für die ältere Dame noch ein wenig drastischer vor: Wäre sie die einzige ältere, ruhige Bewohnerin des Mietshauses und der Vermieter würde nicht vor Ort wohnen, wäre somit niemand da, der daran Interesse hätte, bestimmte Normbrüche zu sanktionieren, würden sich vielleicht die Gepflogenheiten in diesem Mietshaus mit der Zeit radikal ändern: Die anderen, jüngeren Mieter fänden die Regeln der Hausordnung vielleicht sehr spießig und würden sich immer weniger und schließlich gar nicht mehr daran halten. So wäre es allgemein in diesem Haus nicht mehr Sitte, das Treppenhaus (regelmäßig) zu reinigen, sich zu gewissen Zeiten ruhig zu verhalten, nachts die Haustür abschließen, keinen Müll im Treppenhaus liegen zu lassen, die Wände oder Ähnliches im Hausflur nicht zu beschmutzen oder zu beschädigen etc. Vielleicht würden sich sogar neue, ganz andere Regeln „einbürgern": Laute Partys am Wochenende, zu denen alle Hausbewohner eingeladen werden, das Treppenhaus mit hippen Plakaten oder Malereien an den Wänden aufzupeppen o.Ä. Vielleicht würde man zehn Jahre später, wenn alle Bewohner des Hauses ein gesetzteres Alter erreicht haben, auch wieder zu den ursprünglichen normativen Regelungen Schritt für Schritt zurückkehren. Vieles wäre hier vorstellbar. Wichtig für unser Beispiel ist jedoch die Tatsache, dass für dauerhafte Normbrüche und Modifikationen nicht nur das Verhalten eines Einzelnen von Bedeutung ist, sondern der Normbrecher einen sozialen Background, eine Unterstützung Dritter braucht. Würde in einem Mietshaus von, sagen wir einmal 12 Parteien, nur ein alleinstehender junger Mann seit Kurzem wohnen und sich nicht an die dortigen Wohnnormen der anderen, langjährigen und älteren Mieter halten, dann hätte unsere ältere Dame die Unterstützung der anderen Mieter „im Rücken" und könnte mit einer ganz anderen Sicherheit und Selbstverständlichkeit auf die Einhaltung der Hausordnung bestehen.

Wir sehen: Sanktionskoalitionen sind in vielen Alltagssituationen von sehr großer, ja entscheidender Wichtigkeit. Bleibt die Regelung eines Normbruchs allein den unmittelbar Betroffenen überlassen, ist der Ausgang oft eine Frage der Macht. Der Schwache bzw. Schwächere ist sowohl als Normbenefiziar als auch als Täter dem Stärkeren ausgeliefert.

Sehen wir uns dies wiederum an einem Beispiel an. Ein geschädigter, aber schwacher Normbenefiziar, der auf sich allein gestellt ist, muss damit rechnen, dass er mit seiner Sanktion beim Normbrecher auf Widerstand stößt. Ein Lehrer etwa, der bei seinen Schülern keinen Respekt genießt, macht sich mit der Androhung einer Sanktion (z.B. einer Strafarbeit wegen Störung des Unterrichts) sogar oft lächerlich (weil von vornherein klar ist, dass der normbrechende Schüler diese Strafarbeit sowieso nicht machen wird). Häufig wird ein solcher Lehrer letztendlich resignieren und auf eine Sanktion (bzw. die Androhung einer funktionslosen Sanktion) verzichten und den Normbruch wohl oder übel hinnehmen – was nicht selten zu weiteren Normbrüchen anderer Schüler führen wird.

Andererseits kann ein Normbrecher als Täter auch der Gefahr ausgesetzt sein, dass der stärkere Normbenefiziar ihn überverhältnismäßig und zu scharf sanktioniert. Dies konnte leider in der Vergangenheit immer wieder in religiös geführten Erziehungsheimen der BRD bzw. in politisch motivierten Erziehungsheimen der ehemaligen DDR beobachtet werden. Kinder und Jugendliche waren hier (mehr oder minder hilflos) den Sanktionen gewisser Erzieher ausgeliefert.

Durch die Unterstützung Dritter, d.h. durch Sanktionskoalitionen, können diese negativen Konsequenzen oftmals im Keim erstickt und verhindert werden.

Hätte der Lehrer, der bei seinen Schülern keinen Respekt genießt, die Unterstützung des Rektors und/oder der Eltern des Schülers gewiss, könnte er in einer ganz anderen Art und Weise Sanktionen androhen und verhängen, könnte sich mit einem gewissen Background im Rücken viel sicherer dem Normbrecher gegenüber verhalten und letztendlich die Norm aufrechterhalten (d.h. für Ruhe und Ordnung in der Klasse sorgen).

Ein Erzieher, der seine Macht willkürlich und überstreng an seinen Schützlingen demonstriert, könnte eventuell in seinem Handeln gebremst werden, wenn das Kind bzw. der Jugendliche sich der Unterstützung Dritter gewiss wäre (evtl. einer erwachsenen Vertrauensperson, die diesen Fall an die Öffentlichkeit bringen würde).

Wir sehen somit: Das Eingreifen bzw. manchmal auch nur die moralische und theoretische Unterstützung dritter (einflussreicher) Personen kann die Normeinhaltung gewährleisten und/oder zu scharfe Sanktionen verhindern.

So nützlich diese Koalitionen auch sein mögen, in der Realität kommen sie in vielen Fällen (aus verschiedenen Gründen) erst gar nicht zustande und sind keinesfalls selbstverständlich. Im Alltag ist der Geschädigte oder Schwächere oft völlig auf sich allein gestellt und kann nur hoffen, dass er die Unterstützung der Allgemeinheit (die sich beispielsweise über das Recht und die Gesetze ausdrückt) im „Rücken hat“ – und so seine Interessen letztendlich durchsetzen kann.

Am wahrscheinlichsten kommt eine Norm- oder Sanktionskoalition dann zustande, wenn andere Personen zwar nicht unmittelbar von den negativen Konsequenzen des Normbruchs oder einer Sanktion betroffen sind, aber fürchten müssen, in Zukunft in eine ähnliche Situation wie der Normbrecher oder der Geschädigte eines Normbruchs zu geraten.

Ein Beispiel hierzu wäre die Solidarität innerhalb gewisser Berufsgruppen. Nicht von ungefähr erlangte der Spruch „Eine Krähe hackt der anderen kein Auge aus“ eine große Bedeutung – auch und gerade hinsichtlich der Ärzteschaft. Davon abgesehen, dass jeder Mensch in seinem wie auch immer gearteten Beruf früher oder später einmal Fehler macht oder machen wird, sind Fehler eines Arztes oft sehr fatal. Ob es sich um ein schwarzes Schaf der Ärzteschaft handelt oder ein Fehler einfach in einer extremen Stresssituation entstanden ist (denen viele Ärzte heute, besonders in Krankenhäusern, ausgesetzt sind), ein Kollege wird sich stets scheuen, gegen ihn auszusagen. Hier spielt nicht nur Verständnis für die schwierige Situation des Kollegen und Solidarität eine große Rolle, sondern auch der Gedanke und die Furcht, selbst einmal in eine ähnliche Situation zu gelangen. Aus diesem Grunde wird ein Arzt eine Sanktionsmöglichkeit gegen einen Kollegen auch in der Regel nicht nutzen, unterstützen oder gar initiieren (es sei denn bei grob fahrlässigen, gravierenden Fehlleistungen, die den Ruf der gesamten Ärzteschaft in Gefahr bringen könnten).

Andererseits können sich unter Kollegen auch Koalitionen bilden, die eine Sanktion gegen einen Normbrecher vorantreiben bzw. erst möglich machen.

Feiert ein Arbeitnehmer in einem Betrieb zu oft und offensichtlich krank und müssen seine Kollegen mehr arbeiten, weil sie seine Arbeit mit übernehmen müssen, werden diese Kollegen ihn nur bis zu einem bestimmten Punkt unterstützen. Vielleicht werden sie sich ihm gegenüber zunächst einmal etwas weniger freundlich und reservierter verhalten. Nach dem nächsten Krankfeiern werden sie ihn weniger bei schwierigen Arbeiten oder Problemen unterstützen. Sehen sie ihn schließlich an einem weiteren, angeblichen Krankheitstag auf dem Nachhauseweg nach einem langen, anstrengenden Arbeitstag lachend und gut gelaunt in einem Biergarten sitzen, ist sicherlich „das Maß voll" und sie werden schließlich den Vorgesetzten von seiner vorgetäuschten Krankheit informieren. In so einem Extremfall bilden Kollegen eine Sanktionskoalition gegen ihn, die seine (dann sicherlich zu recht ausgesprochene) Kündigung herbeiführt.

Ähnliche Sanktionskoalitionen unter den Kollegen finden sich auch dort, wo Arbeitnehmer die Berufsehre verletzen und das Ansehen einer ganzen Berufsgruppe gefährden.

Wenn etwa eine Krankenschwester sich bestimmter Betäubungsmittel am Arbeitsplatz „bedient", ihre Arbeit aufgrund ihrer Tablettenabhängigkeit nicht mehr korrekt ausführen kann und ihre Sucht durch Zittern der Hände und erweiterter Pupillen auch den Patienten auffällt oder auffallen könnte, werden sie ihre Kolleginnen wohl sicherlich nicht solidarisch unterstützen. Vielleicht werden sie zunächst einmal vertraulich mit ihr sprechen, bevor sie weitere Schritte einleiten. Wird sich an ihrer Situation dann dennoch nichts ändern, d.h. wird diese Krankenschwester von sich aus nicht offiziell zu ihrer Sucht stehen und eine Therapie machen, werden sich ihre Kolleginnen gegen sie koalieren müssen (um die Patienten, aber auch ihre Berufsehre zu schützen).

Wird jedoch andererseits eine Krankenschwester von einem Patienten beleidigt oder unberechtigterweise verdächtigt, etwas falsch gemacht zu haben, kann sie in aller Regel mit der solidarischen Unterstützung aller Schwestern rechnen. Der Normbrecher ist hier der Patient, der in diesem Fall gegen die Norm des höflichen Umgangs und der gerechten Beurteilung eines Menschen verstoßen hat und in Folge dessen vielleicht vom gesamten Pflegepersonal weniger freundlich behandelt wird.

Schwieriger wird die Situation, wenn sich eine Krankenschwester unfreundlich und grob gegenüber ihren Patienten verhält. Hier sind die Grenzen oft weit gesteckt. Kollegen tolerieren ein solches Verhalten in vielen Fällen noch sehr (und zu) lange, weil sie sich der schwierigen Situation im Pflegebereich bewusst sind und damit vieles vielleicht entschuldigen. Ganz dramatisch wird dies natürlich im Bereich der Altenpflege. Entstehen hier stillschweigende Koalitionen unter den Kollegen, die eine Sanktion gegen grobes Fehlverhalten verhindern, müssen hilflose, wehrlose Patienten nicht selten auf eine schmerzhafte und unmenschliche Art und Weise die Konsequenzen tragen.

Wir sehen: Wenn notwendige Sanktionen (zu lange) ausbleiben, kann dies schwere Folgen nach sich ziehen.

Andererseits können vollzogene Sanktionen aber auch dritte, unbeteiligte Personen schädigen, die für den Normbruch nicht verantwortlich sind.

Sehen wir uns dies an einem Beispiel im Restaurantbereich an. Ruiniert der Koch das Essen (versalzt es oder brät das Fleisch zu lange), so bekommt in aller Regel nicht der Normbrecher, also der Koch, die negative Reaktion des Gastes zu spüren, sondern der Kellner, der das Essen nur serviert hat und nicht für die Zubereitung des Essens verantwortlich ist.

Bin ich Gast in einem Restaurant, mir schmeckt das Essen ausgezeichnet, aber ich muss mich über das unfreundliche Verhalten der Kellnerin ärgern und ich betrete aus diesem Grunde dieses Lokal nicht mehr, so sanktioniere ich streng genommen nicht das unfreundliche Verhalten der Kellnerin, sondern den Wirt, dessen Umsatz dadurch zurückgeht und der im Grunde für das Verhalten der Serviererin gar nichts kann (es sei denn, man möchte ihn dafür sanktionieren, dass er sein Servicepersonal zu schlecht aussucht und/oder zu wenig kontrolliert). Sanktionen können somit leicht (und oft auch unbewusst) in die falsche Richtung zielen.

In anderen Fällen kann es auch sein, dass Sanktionen zwar wirksam den eigentlichen Normbrecher schädigen, mit ihm aber auch „unschuldige" Personen mitsanktioniert werden, die an dem Normbruch nicht (unmittelbar) beteiligt waren.

Wird etwa eine Person einer schweren Straftat (beispielsweise Mord, Totschlag oder räuberischer Erpressung) überführt und muss dafür eine langjährige Haftstrafe absitzen, so wird in vielen Fällen nicht nur der Normbrecher und Täter dafür sanktioniert, sondern auch nahe Angehörige. Seine Frau und seine Kinder, die für sein Verhalten nicht verantwortlich sind, werden in der ein oder anderen Form für sein Verhalten „büßen" müssen: Finanziell (weil der Ernährer der Familie wegfällt), gesellschaftlich (weil sie von diversen Personen schief angesehen oder geächtet werden) und in vielen praktischen Situationen des Alltags (weil der Vater und Ehemann nicht anwesend sein kann).

Aber auch bei einer Kündigung des Arbeitsplatzes wird oft nicht nur der Arbeitnehmer allein geschädigt, auch seine Familie, die sich nun finanziell einschränken muss, hat Nachteile zu erleiden.

Doch zurück zu den Koalitionen: Was können sie hinsichtlich der Normen bewirken?

Wenn sich Dritte mit dem Normbrecher solidarisieren und Sanktionen intervenieren, kann dies sehr schnell zu einem (internen) Normwandel führen.

Wenn in einem Internat nach einer Regel der Hausordnung die Schüler dazu verpflichtet sind, nach 22 Uhr in ihrem Zimmer das Licht zu löschen und sich ruhig zu verhalten, aber ein (dominanter) Schüler diese Regel immer wieder bricht und von den anderen Schülern (aus Respekt oder Angst) „gedeckt" wird, wird diese Norm mit der Zeit eine gewisse Variabilität aufweisen, d.h. auch von anderen Schüler „großzügig" ausgelegt werden. Je nach den Charakteren und Rollenerwartungen der Schüler untereinander werden sich auf manchen Zimmern andere, interne „Sub-Normen" herausbilden, deren Übertretungen unter den Schülern an sich und nicht von der Internatsleitung sanktioniert werden.

Schauen wir uns dies an zwei Beispielen an: Befindet sich in einem Zimmer ein körperlich starker, charakterlich dominanter und ein eher ruhiger, körperlich schwächerer Schüler, so wird der Schwächere unter Umständen sich dazu genötigt fühlen, die Normbrüche des Stärkeren hinzunehmen (etwa das stundenlange nächtliche Chatten mit dem Laptop, Drogenkonsum oder gar das Verlassen des Internats über Nacht, um eine Freundin zu besuchen), auch wenn er sich durch diese Normbrüche selbst gestört fühlt (weil er nicht schlafen kann) und das Bedürfnis verspürt, dies der Internatsleitung melden zu wollen. Eine starke Persönlichkeit kann so ihre eigenen Normen (persönlichen Wünschen und Freiheiten betreffend) gegenüber einer anderen, schwächeren Person durchsetzen. Auf dem Zimmer herrscht dann (unbeachtet von dritten Personen) eine eigene Normregelung, die das ursprüngliche, offizielle Normreglement ersetzt.

Ganz anders würde dies aussehen, wenn zwei (in jeder Hinsicht) gleich starke Schüler in einem Zimmer aufeinandertreffen. Hier würde es zu keiner Über- und Unterordnung kommen, keiner würde sich durchsetzen können, trotzdem wäre es möglich, dass bestimmte, offizielle Normen in gegenseitiger Übereinkunft aufgehoben werden (etwa wenn man sich darauf einigen würde, bis Mitternacht am Computer zu spielen etc.).

Wir sehen: Normen, Sub-Normen, Normänderungen und Sanktionen sind nicht nur eine Frage der Macht, sondern sind auch nicht unwesentlich von der Unterstützung durch Koalitionspartner abhängig.

Dies zeigt gleichzeitig aber auch die Schwäche des Sanktionsmechanismus auf: Nicht nur derjenige, der unmittelbar eine Sanktionskompetenz besitzt (in unserem Fall ein Vertreter der Internatsleitung) hat Einfluss auf die Einhaltung und den Bestand einer Norm, auch Koalitionen unter den Normbrechern können subversive die Normgeltung in Frage stellen, eine offiziell herrschende Norm modifizieren oder in Einzelfällen inoffiziell ganz aufheben.

Auch auf der makrosozialen Ebene kann man dieses Phänomen beobachten: Etwa wenn sich in Großstädten eine Art Ghetto bildet, in dem die offiziellen Rechtsnormen (scheinbar) keine Rolle mehr spielen und nach eigenen Gesetzen gehandelt wird, sozusagen nur noch das Gesetz der Straße herrscht.

Ein ähnliches Phänomen können wir auch bei manchen Rockerbanden und Motorradclubs beobachten, die nicht nur ihre eigenen, ganz speziellen Normen und Gesetze herausgebildet haben (etwa die Pflicht, eine Jacke mit ihrem Clubemblem ständig zu tragen und somit ihre Zugehörigkeit nach außen hin zu demonstrieren), sondern auch eine Sanktionskoalition gegen alle Nicht-Mitglieder bilden.

So herrscht beispielsweise in vielen Motorradgangs ein besonderer Ehrenkodex unter den Mitgliedern. Wenn etwa ein Mitglied (nach offiziellem Recht) eine Straftat begangen hat (Körperverletzung an einem Mitglied einer gegnerischen Gang), so ist es selbstverständlich, dass alle anderen Gangmitglieder eine Sanktionskoalition bilden und bei einer Polizeibefragung ihren „Kumpel" nicht „verpfeifen". Würde dies ein Mitglied (aus bestimmten persönlichen Gründen) dennoch tun, würde er von den anderen der Motorradgang seinerseits sanktioniert werden, weil er in diesem Fall mit den Gegnern eine Sanktionskoalition eingegangen ist.

Wird ein Gangmitglied stattdessen von einem Nicht-Mitglied angegriffen oder „verpfiffen", so besteht innerhalb der Gang eine „Sanktionspflicht", d.h. die Pflicht, an dieser Person Rache zu nehmen. Rache wird in manchen Gruppierungen zu einer sozialen Pflicht.

Tatsächlich existieren viele Situationen, in denen es dem Sanktionssubjekt nicht überlassen bleibt, ob er einen Normbruch sanktionieren will oder nicht. Eine starke Gruppenöffentlichkeit kann auf ihn einen solch starken Druck ausüben, dass er seiner Sanktionspflicht nachkommen muss, egal, ob er dies nun möchte oder nicht.

Eine betrogene Ehefrau etwa, die kein Interesse daran hat, ihren untreuen Gatten zu sanktionieren (vielleicht weil sie selbst heimlich fremd geht oder weil sie Angst vor einer Trennung hat), wird nicht selten von außen dazu gezwungen. Ihre Eltern und/oder ihre Freundinnen werden unter Umständen darauf drängen, sich dies „nicht bieten zu lassen" und sich von ihrem Mann zu trennen. Um nicht selbst von den anderen durch Verachtung sanktioniert zu werden, wird sie sich evtl. durch ihr soziales Umfeld zu bestimmten Schritten drängen lassen (z.B. die Scheidung einzureichen).

Andere Mitglieder einer Sanktionskoalition konstituieren oftmals auch eine Norm und Sanktionspflicht dadurch, dass sie den Normbenefiziar/das Sanktionssubjekt über den Normbruch informieren: beispielsweise wenn ein Arbeitnehmer einen Kollegen beim Stehlen von Arbeitsmaterial erwischt und dies der Firmenleitung meldet, wenn ein Schüler den Lehrer darüber informiert, das andere Schüler auf der Toilette geraucht haben oder Ähnliches.

Wie sehen an diesen Beispielen, dass bei einem Normbruch unbeteiligte Dritte nicht nur als direkt handelnde Subjekte von großer Bedeutung sind. Unbeteiligte Dritte können auf die Erfüllung einer Norm drängen (wie die Gruppenöffentlichkeit auf angemessenes Verhalten), können direkt als Sanktionssubjekte eingreifen und den Normbrecher bestrafen (wenn beispielsweise ein couragierter Passant bei einem Überfall eingreift und einen Raubüberfall verhindert). Sie können aber auch lediglich das Sanktionssubjekt über einen Normbruch informieren (etwa ein Nachbar, der beobachtet hat, dass die minderjährige Tochter im Haus gegenüber regelmäßig die Schule schwänzt und ihre Eltern davon in Kenntnis setzt, bzw. ein Schüler, der einen Mitschüler beim Lehrer „verpfeift", oder ein Zeuge, der eine Straftat beobachtet hat und dies der Polizei meldet). Unbeteiligte Dritte können aber auch das Sanktionssubjekt (oder den Normbrecher) nur indirekt unterstützen, z.B. durch solidarisches Verhalten oder durch mentale Beipflichtung (damit dieser den Mut aufbringt, sich zu wehren, indem er den Normbrecher sanktioniert).

Wie sehen, es gibt unzählige Beispiele und eine Vielzahl an Variationen, wie ein (unbeteiligter) Dritter hier unterstützend (und evtl. auch entscheidend) zu einer Sanktion oder Sanktionsverhinderung beitragen kann.

Abschließend stellt sich nun die Frage, warum und aus welchem Grunde Personen, die nicht direkt an einem Normbruch beteiligt sind und von dessen Folgen nicht tangiert werden, sich verpflichtet fühlen, hier einzugreifen. Oder kürzer gefragt: Warum agieren unbeteiligte Dritte überhaupt? Welches Motiv liegt ihrem Handeln zugrunde und welches Ziel verfolgen sie?

Zum einen könnte ein Handlungsgrund ganz einfach darin liegen, dass die unbeteiligten Dritten ein bestimmtes Konformitätsinteresse verfolgen. In jedem Verein oder Club gibt es spezifische Normen und Regeln, die jedes Mitglied befolgen muss. Bricht ein Mitglied eine clubinterne Norm, so stellen sich alle anderen Mitglieder gegen ihn, weil jeder Club nur über ein gewisses Mindestmaß an Gruppenkonformität existieren kann.

Sehen wir uns dies wiederum an einem Beispiel an:

Trifft sich einmal in der Woche eine Selbsthilfegruppe, um Erfahrungen auszutauschen und sich gegenseitig Mut zu machen, um ein gewisses Ziel zu verfolgen (z.B. abzunehmen), so würde es u.U. ein- oder zweimal von den Clubmitgliedern geduldet werden, wenn jemand zu spät kommt und/oder unsensible und demotivierende Bemerkungen einem anderen Mitglied gegenüber äußern würde (etwa: „So verfressen wie du bist, wirst du es nie schaffen abzunehmen"). Die anderen Mitglieder würden dies beim ersten Mal bestenfalls mit einem Stirnrunzeln quittieren, würden evtl. aber auch eine Aussprache suchen. Würde sich ein solches Verhalten wiederholen, würden sich sicherlich sämtliche Mitglieder, die alle das gleiche Ziel (Gewichtsverlust) verfolgen und auf die gegenseitige Unterstützung und Motivation angewiesen sind, zu einer Sanktionskoalition zusammenschließen. Das Sanktionsziel aller wäre dann der Ausschluss dieses Mitglieds, das durch sein nonkonformes Verhalten den anderen Mitgliedern und dem Ansehen des Clubs Schaden zufügt.

Auch in sehr vielen Berufsgruppen fügen sich Kollegen zu Sanktionskoalitionen zusammen, weil sie sich untereinander solidarisch und verbunden fühlen. Kollegen können sich zum einen gegen einen (vielleicht ungerechten und zu strengen) Vorgesetzten koalieren, aber auch gegen schwierige „Außenstehende" (Verkäuferinnen, Handwerker etc. unterstützen sich gegenseitig bei problematischen Kunden, Pflegepersonal bei schwierigen Patienten, Lehrer bei kritischen Schülern). In vielen Situationen des Alltags stehen sich plötzlich zwei Parteien, zwei Koalitionen gegenüber (Arzt/Arzthelferin – Patient, Lehrer – Schüler/Eltern), die jeweils andere Interessen verfolgen und als Gruppe bestimmte Übertretungen der anderen Partei gemeinsam sanktionieren.

Das solidarische Sanktionieren hat hier vor allem zwei Vorteile: Die Durchführung einer Sanktion wird mit einer starken Gruppe im Rücken (praktisch und mental) für den Einzelnen nicht nur wesentlich leichter. Die anderen, die ihn unterstützt haben, können gleichzeitig auch damit rechnen, dass sie, sollten sie selbst einmal in eine ähnliche Situation kommen wie ihr Kollege, ebenfalls mit der Unterstützung der anderen rechnen können.

Solche Zweck-Nutzen-Koalitionen auf längere Sicht können sich lebensgeschichtlich schon sehr früh herausbilden. Schon kleine Geschwister können sich solidarisch gegen die Eltern (und ihre erzieherischen Sanktionen) koalieren, indem sie sich gegenseitig „decken" („Keiner von uns hat dies kaputt gemacht"). Andererseits gibt es nicht nur Koalitionen (für oder gegen) Sanktionen unter gleich starken (bzw. schwachen) Partnern, auch Schwächere können bewusst mit einem Stärkeren eine Koalition eingehen wollen, etwa wenn ein Kind sein Geschwister bei den Eltern „verpetzt" oder ein Arbeitnehmer einen Kollegen beim Chef „anschwärzt". Handlungsmotiv sind hier die persönlichen Vorteile, die man sich von einem stärkeren Koalitionspartner erhofft (Ansehen und Unterstützung, evtl. ein wie auch immer gearteter „Aufstieg"). Dass man sich damit jedoch bei den „natürlichen" Koalitionspartnern, die man an sich unterstützen sollte, weil sie mehr Gemeinsamkeiten mit mir aufweisen (Alter, Rang etc.), keine Freunde schafft, ist selbstverständlich. Man wechselt hier die Fronten, was nicht selten mit einer Sanktion der ursprünglichen Koalitionspartner beantwortet wird (Verachtung, Ausschluss, Anfeindungen etc.).

Die spannende Frage ist und bleibt hier, wann und warum jemand einen Koalitionspartner außerhalb seiner homogenen Gruppe sucht. Weil bei einem „Flaggenwechsel" größere Vorteile winken? Weil sich bestimmte Charaktere nicht von den emotionalen Vorteilen einer homogen-solidarischen Koalition innerlich leiten lassen, sondern in erster Linie die praktischen Vorteile genießen wollen?

Hier sind sicherlich diverse Gründe vorstellbar. Wenn ein Kind sich gegen sein Geschwister stellt und seinen Bruder oder seine Schwester bei den Eltern „anschwärzt" oder „verpfeift" („An dem Fleck auf dem Teppich war d e r/d i e schuld, ich habe gesehen wie er/sie den Kakao verschüttet hat!"), so muss dies nicht zwangsläufig auf einen negativen Charakter zurückgeführt werden. Ein solches Verhalten kann seine Ursache auch darin begründen, dass sich dieses Kind damit erhofft, mehr Liebe seiner Eltern (oder eines bestimmten Elternteils) zu erhalten. Vielleicht war sein Geschwister von den Eltern in der Vergangenheit bevorzugt worden, und durch diesen demonstrativen Seitenwechsel will das Kind nun endlich auch einmal bei den Eltern an erster Stelle stehen. Vielleicht wurde es aber auch von seinem Geschwister in anderen Situationen ebenfalls im Stich gelassen und es will sich nun mit diesem Verhalten rächen. Vielleicht ist das Kind aber auch ein Mensch, dem der eigene Vorteil stets an erster Stelle steht (Verdacht von sich lenken und Anerkennung der Eltern).

Ähnlich unterschiedliche Gründe gibt es sicherlich auch dafür, warum ein Arbeitnehmer sich gegen einen Kollegen stellt und den Vorgesetzten über einen Normbruch aufklärt. Vielleicht erhofft er sich dadurch ein besonderes Wohlwollen des Chefs und bessere Karrieremöglichkeiten. Vielleicht hat sich aber auch der Kollege in anderen Situationen schon zu viel herausgenommen oder war im Vorfeld der Liebling des Chefs, der stets bevorzugt wurde.

Nachdem wir uns diese Beispiele vor Augen geführt haben, können wir Folgendes zusammenfassend und abschließend festhalten: Ein solidarisches Verhalten mit homogenen Gruppenmitgliedern ist in einer Vielzahl der Fälle die Regel. Stellt sich eine Person gegen diese „natürliche" Norm- und Sanktionsgemeinschaft und bildet mit der „Gegenpartei" eine Sanktionskoalition, hat dies meist besondere, schwerwiegende Gründe: Eifersucht, Enttäuschung oder Machtstreben sind hier wohl die häufigsten Ursachen.

Viele sind sich in solchen Fällen auch gar nicht der längerfristigen (teils fatalen) Konsequenzen bewusst. Stellt sich jemand gegen seine ursprüngliche Normgemeinschaft, so ist der Bruch mit dieser Gruppe meist ein endgültiger. Treuloses, enttäuschendes Verhalten wird in aller Regel mit einem konsequenten Ausschluss sanktioniert – und ob eine längerfristige Bindung an eine neue Sanktionskoalition gelingt, bleibt fraglich. Wie auch immer geartete „Verräter" gewinnen auf keiner Seite eine (längerfristige) Anerkennung. Vertrauen ist die Basis einer jeglichen sozialen Beziehung. Wird dieses Vertrauen durch einen „Seitenwechsel" zerstört, ist es meist nicht wieder herstellbar. Auch dem neuen Koalitionspartner wird es schwer fallen, den „Vertrauensbrecher" der anderen Seite vertrauensvoll auf seine eigene Seite zu holen.

Unbeteiligte Dritte können aber auch rein passiv Teil einer Sanktionskoalition werden, nämlich dann, wenn sie lediglich einem anderen das Sanktionsrecht gestatten bzw. es auf ihn übertragen. Durch diese allgemein gesellschaftlich anerkannte Sanktionslegitimation kann nun ein Akteur den/die Normbrecher auf einem teilweise sehr hohen Machtniveau sanktionieren, wozu er ohne diese allgemeine Legitimation oft nicht fähig wäre.

Diesen Fall finden wir etwa bei Ausbildern oder Lehrern. Ein Ausbilder oder Lehrmeister ist befugt, seinen Lehrlingen bzw. den Azubis allerlei (auch niedrige) Aufgaben zu erteilen, kann Respekt und Gehorsam verlangen etc. Auch wenn sich etwa ein Azubi ungerecht behandelt fühlt, sich dann evtl. wehrt, indem er unhöflich wird, die Arbeit verweigert oder dergleichen, wird sich die Außengesellschaft in aller Regel auf die Seite des Ausbilders stellen. Selbst die Eltern des Azubis werden zunächst einmal nicht ihrem Sohn oder ihrer Tochter Recht geben, sondern ihn/sie darauf hinweisen, dass Lehrjahre nun einmal keine Herrenjahre sind. Erst, wenn der Ausbilder unrechtmäßig sein Sanktionsrecht missbraucht (den Azubi in schwerer Form beleidigt oder gar schlägt) oder seine Sanktionsmacht unverhältnismäßig überstrapaziert (dem Azubi ständig Strafarbeiten aufbrummt, die von ihm zahlreiche Überstunden verlangen, was arbeitsrechtlich nicht erlaubt ist), kann sich der Azubi mehr oder minder sicher sein, dass unbeteiligte Dritte (die Eltern, der Rechtsstaat) seine Sanktionskoalitionspartner werden, was nicht selten dazu führt, dass das Verhalten des Ausbilders in irgendeiner Form sanktioniert wird.

Ähnlich verhält es sich bei Lehrern. Stellen wir uns einmal eine kleine, zierliche Lehrerin vor, die Schüler der Oberstufe unterrichtet. Die meisten ihrer männlichen Schüler sind ihr bei weitem an Körpergröße und Körperkraft überlegen – und doch hat diese Lehrerin das staatlich zuerkannte Recht, diese Schüler bei Vergehen zu sanktionieren (Strafarbeiten zu erteilen, schlechte Noten vergeben, Eintrag im Klassenbuch etc.), und in aller Regel wird diese Sanktionsmacht (die ihr von Dritten, d.h. dem Rektor der Schule, den Eltern, dem Staat erteilt wurde), auch von den ihr kräftemäßig überlegenen Schülern anerkannt und respektiert. An diesem Beispiel sehen wir, wie machtvoll und entscheidend selbst die passive Unterstützung im Hintergrund durch unbeteiligt Dritte sein kann.

Doch die aktive oder auch nur indirekte Unterstützung des Sanktionsmechanismus durch unbeteiligte oder nicht direkt betroffene Dritte ist, so wichtig sie auch in vielen Fällen sein mag, keineswegs die Regel. Dies ergibt sich schon allein daraus, dass in vielen Gruppen nicht wie selbstverständlich ein Konsens über bestimmte Normen, ihre Geltung und Sanktionierung entsteht. Die teilweise sehr unterschiedlichen Eigeninteressen der einzelnen Gruppenmitglieder können sich nur in den seltensten Fällen in einer gemeinsamen Norm bündeln und repräsentieren, meist stellt die Norm lediglich einen Kompromiss dar, der die unterschiedlichen Interessen miteinander verbindet und in einem Grundzug darstellt.

Doch wann ist es am ehesten der Fall, dass alle Mitglieder einer Gruppe daran interessiert sind, dass eine Norm eingehalten und ein Normbruch sanktioniert wird?

Wann bilden sich Sanktionskoalitionen, in denen bestimmte Gruppenmitglieder zwar vom Normbruch nicht direkt negativ betroffen sind, aber sich trotzdem für die Einhaltung einer allgemeinen Norm dieser Gruppe scheinbar selbstlos einsetzen?

Die Antwort ist simpel: Dann, wenn eine soziale Beziehung durch einen Normbruch als Ganzes in Frage gestellt wird oder zumindest bedroht erscheint.

Eine Norm als Verhaltensmuster, das anderen als Vorbild dient oder dienen soll, kann bei einer Abweichung sehr leicht das ganze soziale Gefüge gefährden. Je enger das soziale Netz in einer Gruppe gestrickt ist, desto eher kann auch ein Normbruch, der nicht sanktioniert wird, diese Gruppe in ihrem Zusammenhalt bedrohen.

Sehr deutlich kann dies vor allem innerhalb religiöser Gruppen beobachtet werden. Weicht hier ein Gruppenmitglied auch nur minimal von einer religiös fundierten Norm ab (hält z.B. gewisse Gebetszeiten nicht ein), werden sich alle anderen Gruppenmitglieder gegen ihn stellen, auch wenn sie durch sein Verhalten nicht direkt geschädigt werden, einzig und allein aus dem Grunde, weil sie durch Normabweichungen ihre Gemeinschaft im Ganzen gefährdet sehen. Natürlich spielt hier auch immer (ob bewusst oder unbewusst) die Angst eine Rolle, dass es bei diesem Normbrecher nicht bei diesem einen einzigen Normbruch bleiben wird und er andere Normen und Regeln zu einem späteren Zeitpunkt auch nicht einhalten wird, wenn der erste Normbruch unsanktioniert bleibt. Auch besteht die Gefahr, dass der Normbruch zum (negativen) Vorbild für andere Mitglieder werden kann, die Norm dann mit der Zeit immer mehr „aufweicht“ und schließlich ganz untergehen wird. Nur ein striktes und konsequentes Sanktionieren von Beginn an stellt in vielen Fällen die Stabilität einer Norm sicher. In (z.B. religiösen) Gruppen, in denen der Zusammenhalt der Gemeinschaft grundlegend auf Normen aufgebaut ist, wird daher schnell und scharf sanktioniert werden – auch von nicht unmittelbar betroffenen Mitgliedern.

Die Bildung von Sanktionskoalitionen ist somit nicht unmittelbar oder notgedrungen an einen individuellen Vorteil gebunden – lässt sich aber auch nicht in jedem Fall durch Konformitätsinteresse allein erklären.

Ein überaus wichtiger Aspekt ist auch die Gruppenkohäsion. Eine ausgeprägte soziale Kontrolle und damit auch die Bereitschaft Normbrüche (gemeinschaftlich) zu sanktionieren, ist vor allem in Gruppen zu beobachten, in denen ein starkes „Wir-Gefühl" und „Solidaritätsbewusstsein", ein so genannter „Esprit de corps" vorherrscht. Dies führt nun wiederum zu der Frage, warum und in welchen Gruppen ein so starker Gruppengeist, eine solche Kohäsion zutage tritt und welche „Kräfte" dabei eine Rolle spielen.

Spittler findet auf diese Frage eine sehr interessante und meiner Meinung nach sehr überzeugende Antwort, wenn er darauf hinweist, dass zu diesen Kräften vor allem die Attraktivität der Gruppe bzw. einzelner Gruppenmitglieder gehört.

Wird eine Gruppe durch einen charismatischen „Führer" geleitet, werden sich ihm die Mitglieder dieser Gruppe in einer starken gemeinsamen Verbundenheit anschließen, seine Normen und Regeln (oftmals willenlos) befolgen und Abweichungen gegenseitig überwachen und sanktionieren. Sowohl in religiösen als auch in politischen oder anderen Gruppierungen lässt sich dieses Phänomen vielfach beobachten.

Auch in bestimmten, von vielen als besonders attraktiv eingeschätzten „Clubs" mit einer limitierten Mitgliederzahl ist dies häufig der Fall. Man denke hier beispielsweise an altehrwürdige englische Clubs oder an bestimmten Vereinigungen in Nordamerika, aber auch Studentenverbindungen würden in diese Kategorie der extremen Gruppenkohäsion und Normkontrolle fallen.

In einer ganz speziellen Art und Weise findet sich die Verbindung zwischen starkem Gruppenzusammenhalt und sozialer Kontrolle bzw. der Entstehung von Sanktionskoalitionen in den meisten Familien. Fast jeder wird es in der ein oder anderen Weise schon erlebt haben, wie Familienmitglieder „zusammenhalten". Selbst wenn beispielsweise ein Sohn ganz offensichtlich Normen gebrochen hat, vielleicht sogar straffällig geworden ist, halten meist (zumindest bestimmte) Familienmitglieder zu ihm und bilden mit ihm eine Koalition gegen die äußere Sanktionsgruppe (Gesellschaft, Polizei etc.). Wird ein Familienmitglied andererseits von außen durch einen Normbrecher geschädigt, werden die anderen Familienmitglieder in aller Regel auf seiner Seite sein und gegebenenfalls den Normbrecher gemeinsam sanktionieren (etwa wenn alle einen bestimmten Nachbarn nicht mehr grüßen, der ein Familienmitglied beleidigt hat).

Was für einen starken Einfluss ein (engerer) persönlicher Kontakt und eine innere Verbundenheit mit einer Gruppe auf Sanktionen hat, zeigt sich auch in einem Stadt-Dorf-Vergleich.

Während es in Dörfern oder Kleinstädten, in denen (mehr oder weniger enge) soziale Kontakte unter den Einwohnern bestehen, noch immer der Fall ist, dass eine soziale Kontrolle sowohl innerhalb als auch außerhalb der Gruppe vorhanden ist, ist dies in Großstädten in einer Vielzahl der Fälle nicht mehr existent.

„Auf dem Lande" kontrolliert man nicht nur seine Nachbarn (ihr Privatleben, aber auch, ob sie gewisse Regeln und Normen einhalten, was nicht selten Anlass zum „Klatsch" geben kann), nein, es werden darüber hinaus auch „Außenstehende" kontrolliert und gegebenenfalls sanktioniert.

In anonymen Großstädten, in denen viele selbst ihre nächsten Nachbarn nicht mehr kennen (evtl. sogar noch nie gesehen haben), verbreitet sich immer mehr eine gewisse Ignoranz und „Blindheit", so dass selbst schwere Vergehen und Verbrechen ungesühnt bleiben, aus dem einfachen Grunde heraus, weil keine ausreichende soziale Bindung mehr besteht. Existieren keine oder nur oberflächliche soziale Kontakte zwischen den Nachbarn, wird oft gar nicht oder viel zu spät in Situationen eingegriffen, die dringend eine Sanktionskoalition von außen bedürften. Einbrüche werden nicht bemerkt, Misshandlungen an Kindern oder Frauen nicht registriert oder ignoriert, Nachbarschaftshilfe nicht angeboten. Was in ländlichen und kleinstädtischen sozialen Gebilden oft zu sehr an „Überwachung" und an Konformitätszwang grenzt und nicht immer nur positiv ausgelegt werden kann, verkommt in Großstädten oft zu einer unsozialen Anonymität, in welcher jeder auf sich allein gestellt bleibt, auch als Sanktionssubjekt.

Starke (oft einengende) gegenseitige soziale Kontrolle auf der einen Seite (aber auch Solidarität und Hilfe), Gleichgültigkeit und Ignoranz auf der anderen (dafür jedoch persönliche Freiheit) – jeder soll und muss für sich entscheiden, was seinem Lebenskonzept am nächsten kommt. Ganz ohne Regeln und Normen wird jedoch keiner leben können und wollen.

In großem Maße bedenklich wird es aber in solchen Fällen werden, in denen die Kohäsion, Interaktivität und Solidarität in einer Gruppe dermaßen stark und intensiv wird, dass eine eigene Gruppen-Realität entsteht und in einer ungesunden Art und Weise das Handeln des Einzelnen bestimmt.

Schauen wir uns dies wiederum an konkreten Beispielen an.

Einer der extremsten Fälle von Realitätsverlust und Gruppenkohäsion zeigt die Geschichte der so genannten Lake-City-Gruppe, die sich Anfang der 30er-Jahre des letzten Jahrhunderts ereignete und von Leon Festinger dokumentiert wurde. Hier das Geschehen in Kurzform: Eine etwa 50-jährige Frau sagte in den Vereinigten Staaten von Amerika den Weltuntergang voraus. Ihre Kenntnis habe sie aufgrund von Mitteilungen aus dem Weltraum. Der Weltuntergang in Form einer Art Sintflut werde 3 ½ Monate nach der ersten Botschaft stattfinden. Schnell bildete sich eine Gruppe von 25 bis 30 Personen, die an diese Prophezeiung glaubten. Es handelte sich hierbei um meist gebildete Menschen der Mittelschicht, die ihre weltlichen Interessen aufgaben, Geld und Besitz wurden bedeutungslos. Ein Arzt, der auch zu dieser Gruppe gehörte, verlor seinen Job, andere gaben selbst ihre Stellung auf. Manche waren ein wenig skeptisch, die meisten jedoch vollkommen davon überzeugt, dass diese gläubige Gruppe, wie es die Botschaft versprochen hatte, vier Tage vor der Katastrophe von einem Raumschiff abgeholt und gerettet werden würde. Die Mehrzahl der Mitglieder dieser Gruppe traf sich zu der angegebenen Stunde im Hause des Mediums (andere, etwa die College-Studenten dieser Gruppe, sollten zu Hause bleiben, da sie dort einzeln abgeholt werden sollten). Wie (für Realisten) zu erwarten war, erschien das Raumschiff nicht. Stattdessen wurde über das Medium eine weitere Botschaft übermittelt: Das Ganze sei nur ein Test, eine Art Generalprobe gewesen, ein neuer Termin werde einen Tag vor der tatsächlichen Katastrophe bekannt gegeben. Dieses Mal seien jedoch gewisse Dinge zu beachten: Bestimmte Losungsworte seien nötig, es dürfen keine metallischen Gegenstände, keine Knöpfe an der Kleidung, keine Dokumente zur Identifizierung der Personen mitgeführt werden. Um Mitternacht werde dann ein Mann an die Tür klopfen und die Mitglieder dieser gläubigen Gruppe zum Landeplatz des rettenden Raumschiffs geleiten. Doch niemand klopfte zum angegebenen Zeitpunkt an der Tür, kein Raumschiff war erschienen. Große Enttäuschung machte sich vor allem unter denjenigen Mitgliedern der Gruppe breit, die an anderer Stelle allein gewartet hatten. Sie fielen völlig von ihrem Glauben ab. Anders sah es bei den Mitgliedern aus, die in der Gruppe zusammengeblieben waren. Nach verschiedenen krampfhaften Erklärungsversuchen erhielten sie um fünf Uhr morgens über ihr Medium eine Botschaft übermittelt: Gott habe die Menschen verschont, weil diese gläubige Gruppe fest an ihre Rettung geglaubt hatte. Beeindruckt und beruhigt von dieser Erklärung redeten sich die Mitglieder dieser Gruppe ihre Bedenken und Zweifel gegenseitig aus und wurden in ihrem Glauben nur noch fester.

In den darauf folgenden Jahren und Jahrzehnten gab es in der amerikanischen Sektengeschichte immer wieder gläubige Mitglieder, die sich um einen charismatischen Führer gruppierten und selbst das Ausbleiben prophezeiter Katastrophen und Erlösungen hingenommen haben, ohne ihren Glauben zu verlieren.

Doch nicht nur religiöse Verblendungen können zu einem solchen Phänomen führen. Es gibt ähnliche Beispiele auch in historisch-politischen Konstellationen, wie ein Beispiel aus dem Zweiten Weltkrieg zeigt: Zu dieser Zeit hatten die in den USA lebenden Japaner die Option, sich für ihr Herkunftsland zu entscheiden. Nutzten sie dieses Angebot, verloren sie zwar ihre amerikanische Staatsbürgerschaft, konnten sich jedoch in Sammellagern zusammenschließen, von wo aus man ihnen eine Rückreise nach Japan nach dem Krieg garantierte. Innerhalb dieser Internierungslager gab es nun einige, die den Nachrichten in den Zeitungen und im Radio über die japanischen Niederlagen keinen Glauben schenkten. Sie hielten diese Mitteilungen vielmehr für reine Propaganda. Sogar nach Kriegsende, als die Japaner auf amerikanischen Schiffen nach Japan transportiert wurden, glaubten viele Japaner noch daran, dass die Amerikaner, im Krieg geschlagen, zu diesem Rücktransport gezwungen worden seien. Die Internierten sahen sich nicht als Gefangene, sondern vielmehr als die Besatzer der amerikanischen Schiffe. Auf einem dieser Schiffe waren sogar fast alle Japaner davon überzeugt, als Sieger in den heimlichen Hafen einzulaufen, wie Festinger berichtet.

Wie lässt sich nun dieses Phänomen des Realitätsverlustes erklären?

Wie war es möglich, dass eine Erwartung, die sich in der Realität nicht bewahrheitet hatte, ja, eindeutig widerlegt worden war, nicht aufgegeben wurde?

Wieso wurde die Diskrepanz von Erwartung und tatsächlichem Erleben einfach ignoriert und durch eine realitätsferne Erklärung am Leben erhalten?

Hätte es sich hier nur um eine Einzelperson gehandelt, wäre die Erklärung einfach gewesen: Nur eine Geisteskrankheit kann zu einer solchen irrationalen und realitätsfremden Einschätzung des tatsächlichen Zustandes führen.

In unseren Beispielen handelte es sich jedoch um ein Gruppenphänomen – und hier liegt auch des Rätsels Lösung begründet: das konsequente Festhalten an einer bereits eindeutig widerlegten Erwartung ist eine Gruppenleistung. Der feste, gemeinsame Glaube, die wechselseitige Unterstützung macht die Erwartung selbst gegen eine ganz offensichtliche Widerlegung widerstandsfähig. Dies kann so weit gehen, dass den Gruppenmitgliedern selbst eine Verdrehung der Realität logischer und „realistischer" erscheint, als die enttäuschende Aufgabe ihres ursprünglichen Glaubens. Durch Fehlinterpretationen der Realität müssen Annahmen nicht aufgeben werden. Dadurch, dass andere auch daran glauben, werden diese Interpretationen für den Einzelnen zunehmend sinnvoller, bis er schließlich selbst davon überzeugt ist. Durch die Bestätigung in der Gruppe können selbst unrealistische Annahmen und Sichtweisen vernünftig erscheinen, denn „so viele können sich schließlich nicht täuschen". Das Phänomen des „common sense" ist typisch für Gruppen und muss nicht grundsätzlich negativ bewertet werden, im Gegenteil. Ein fester Gruppenzusammenhalt stärkt den Einzelnen, gibt ihm Sicherheit.

Doch ab wann kann man von einem bedenklichen Realitätsverlust sprechen?

Ab welchem Punkt wird eine Grenze überschritten, die den Einzelnen von einer gesunden und realistischen Realitätseinschätzung fernhält?

Popitz sieht diesen Punkt dann gekommen, „wenn wir uns an evident fehlgeleitete Annahmen festklammern und Enttäuschungen so verbiegen, dass sie uns nicht mehr enttäuschen"[126].

Dies kann dann seiner Ansicht nach schlimmstenfalls zu einer „Erwartungsvereisung führen, zum Aufbau einer nicht mehr korrekturfähigen Version von Realität"[127], oder kurz gesagt: zu einem Verlust der Realität.

Doch welche Gruppenstrukturen begünstigen eine solche Entwicklung?

Zum einen kann dies an einem überaus starken, charismatischen „Führer" der Gruppe liegen, dem die Gruppenmitglieder „hörig" sind. Zahlreiche historische Beispiele aus der Politik oder Religion wären hier sicherlich nicht schwer zu finden. Doch reicht ein solcher beeinflussungsstarker Gruppenführer allein schon aus, dass die ganze Gruppe ihre Weltvorstellung ins Abstruse verlagert? In den meisten Fällen sicherlich nicht. Es müssen noch andere Faktoren hinzukommen, die diese Entwicklung begünstigen.

Zum einen ist eine mehr oder minder starke soziale Isolation für diese Entwicklung von Vorteil. Eine Gruppe kann sich sehr viel schneller und besser eine eigene Wirklichkeit konstruieren und an ihr festhalten,

---

126 Popitz, Heinrich: Soziale Normen, S. 178.

127 Ebenda, S. 178.

wenn die Gruppe keinen Einflüssen von der Außenwelt ausgesetzt ist, die dieses neu erworbene Weltbild ins Wanken bringen könnte. Schottet sich die Gruppe so weit wie möglich von der Außenwelt ab, kann sie ungehindert ihre eigene Realität leben. Verstärkend kommt meist noch hinzu, dass die Außenwelt einem solchen Umstand oft ihrerseits mit einer eigenen „Abschottung" begegnet. Außenstehende kapseln sich von diesen Gruppen ab, weil sie sie als lächerlich, abstrus oder gar als gefährlich einschätzen.

Je stärker die Gruppe jedoch von der Außenwelt isoliert ist, desto wichtiger ist der interne Zusammenhalt, die gegenseitige Bestätigung. Die Gruppenmitglieder schöpfen ihren Selbstwert und ihre Realitätsvorstellung aus der Übereinstimmung mit den anderen. Oder anders ausgedrückt: Jedes Gruppenmitglied ist existentiell darauf angewiesen, dass die anderen ebenfalls das für „wahr" halten, was es selbst als real einstuft. Würde es diese Bestätigung in den anderen nicht finden, würde nicht nur sein Weltbild, sondern auch sein Selbstbild ins Wanken geraten. Dementsprechend stark ist auch sein Bedürfnis nach Zugehörigkeit, was die Gruppenkohäsion von innen verfestigt. Oder wie Popitz dies formuliert: „Da jedes Mitglied nach Anerkennung seiner Zugehörigkeit strebt und zugleich auch Mit-Hüter der Zugehörigkeit ist, sind alle Teilhaber der Gruppenautorität."[128]

Womit wir zu einer weiteren Begünstigung für die Entwicklung des Realitätsverlustes kommen: Autoritäre Gruppenstrukturen, die dem Einzelnen wenig Raum für eine freie (gedankliche) Entwicklung lassen. Die Gruppenmitglieder sind somit gezwungen, sich kritiklos den Regeln und Vorstellungen der Gruppe zu unterwerfen, d.h. sie müssen sich dem vorgegebenen Realitätskonstrukt anpassen und unterwerfen.

Ebenso hilfreich für den Realitätsverlust in Gruppen ist eine von allen Gruppenmitgliedern gemeinsam geteilte Vorstellung, die sich grundsätzlich nicht belegen oder widerlegen lässt. Ideologien, die sich nicht auf das Hier und Jetzt beziehen (etwa religiöse Vorstellungen vom Jenseits) und/oder sich nicht wissenschaftlich eindeutig beweisen lassen (z.B. Parapsychologie), erweisen sich meist als relativ enttäuschungsresistent. Was nicht widerlegt werden kann und nicht zu Zweifeln und Enttäuschungen führen kann, kann auch die Basis des Gruppenzusammenhalts nicht gefährden – und verstärkt die Überzeugung der eigenen Realitätsvorstellung.

Natürlich müssen in den einzelnen Gruppenmitgliedern selbst auch gewisse „günstige" Strukturen vorhanden sein, um sie überhaupt so fest

128 Popitz, Heinrich: Soziale Normen, S. 183.

und vorbehaltlos an die Gruppe binden zu können. Nicht selten führen schwere Enttäuschungen oder Lebenskrisen einer Person in die Sackgasse des vermeintlichen „Rückhalts“ einer autoritären Gruppe.

Alles in allem gesehen können wir nun abschließend Folgendes festhalten:

Die Bildung von Sanktionskoalitionen lässt sich nicht allein auf das Konformitätsinteresse der Gruppenmitglieder zurückführen. Eine starke Gruppenkohäsion begünstigt eine gegenseitige soziale Kontrolle und erhöht die Wahrscheinlichkeit, dass Gruppenmitglieder bei Normverletzungen eingreifen, auch wenn sie von den Auswirkungen des Normbruchs nicht direkt betroffen sind.

Ein starker Zusammenhalt, eine enge Bindung unter den Gruppenmitgliedern bedeutet nicht nur Solidarität und Schutz des/der Schwachen, es bedeutet auch, dass die Macht der Gruppe über ihre Mitglieder an Bedeutung zunimmt und eine Sanktionskoalition bei Normabweichungen wahrscheinlicher wird. Denn werden Normen einer Gruppe verletzt, wird die Basis, das innere Gerüst der Gruppe gefährdet. Bei kohäsiven Gruppen hat somit jedes Gruppenmitglied Interesse daran, diese Gefährdung zu verhindern. Noch wichtiger ist dies in kohäsiven Gruppen, die eine eigene soziale Realität konstruieren und zum Bezugsrahmen machen. Bei einem Realitätsverlust und dem Aufbau einer eigenen sozialen Wirklichkeit in einer Gruppe erschüttern Normabweichungen die feste innere Stabilität der Gruppe – und somit auch das Selbstverständnis aller Gruppenmitglieder im Einzelnen. Hier ist die Bildung einer Sanktionskoalition nicht nur wahrscheinlich, sondern absolut existentiell.

7 ROLLENNORMEN UND ROLLENKONFLIKTE, ODER: DU SOLLST DIR EIN BILDNIS MACHEN

Jede soziale Interaktion bedarf der Orientierung. Wenn ein Mensch mit einem anderen (ihm fremden) Menschen in einer Situation zusammenkommt, die eine verbale oder nonverbale Handlung erfordert, ist er gezwungen, sein Gegenüber und die Situation an sich in irgendeiner Weise zu deuten, um sich angemessen verhalten zu können. Nur wenn er wesentliche (gesellschaftliche und persönliche) Details über den anderen weiß, kann er in etwa abschätzen, wie dieser auf sein Handeln reagieren wird. In den seltensten Fällen jedoch ist eine vollständige Information über seine Einstellung, seinen Charakter, sein voraussichtliches Handeln dem anderen Handlungspartner zugänglich. Dieser ist somit darauf angewiesen, bestimmte Hinweise zu deuten.

Stellen wir uns einmal folgende Situation vor:

Eine allein stehende Frau, Ende 20, belegt einen Kochkurs bei der Volkshochschule, um besser kochen zu lernen und nette Leute kennen zu lernen. Die Gruppe wird von der Kursleiterin in kleine Grüppchen zu jeweils drei Personen eingeteilt. Unsere junge Frau kommt in eine Gruppe, die aus einer etwa 55-jährigen, korpulenten Frau und einem Mann in den 30ern mit Anzug und Krawatte besteht. Die Mittfünfzigerin trägt praktische, nicht allzu teure Kleidung, keinen Schmuck, kein Make-up und hätte einen Frisörbesuch nötig, macht aber einen warmherzigen, sympathischen, wenn auch ein wenig traurigen Eindruck. Der Anzug des Mannes wirkt bei näherem Hinschauen zwar sauber, jedoch eher billig. Das Gleiche gilt für seine braunen Kunstlederschuhe, die zu seinem grauen Anzug farblich überhaupt nicht passen. Sein Blick wandert ständig, während die Kursleiterin die einleitenden Worte spricht, zu den Kursteilnehmerinnen und bleibt bei den jüngeren jeweils für einige Sekunden hängen.

Unsere junge Frau, die nun die nächsten 90 Minuten mit diesen beiden Personen am Herd zusammenarbeiten muss, kennt deren Lebensgeschichte und Persönlichkeit nicht und hat natürlich in dieser Situation auch keine Möglichkeit diese in Erfahrung zu bringen, kann sich aber durchaus ein Bild von ihnen machen und sich dann dementsprechend auf die Situation einstellen. Ihre Einschätzung, die sie unbewusst sicher machen wird, könnte wie folgt aussehen: Die 55-jährige Dame scheint ihrer Figur nach gern und reichlich zu essen, daher wird sie auch Spaß am Kochen haben. Da sie wenig Wert auf ihr Äußeres zu legen scheint, ist sie wahrscheinlich nicht berufstätig, war die letzten Jahrzehnte Hausfrau und Mutter (daher der warmherzige Ausdruck). Ihr etwas verlorener und trauriger Ausdruck lässt vermuten, dass ihre Kinder oder ihr Kind mittlerweile das Elternhaus verlassen haben/hat und sie nunmehr eine Leere in ihrem Leben spürt, die sie gern mit etwas Sinnvollem ausfüllen möchte (Kochkurs). Mit ihrer freundlichen Art, mit der sie die anderen Kursteilnehmer anlächelt, wirkt sie sympathisch und offen für neue Kontakte, nach denen sie sich offenbar sehnt.

Der nicht mehr ganz junge Mann sucht offensichtlich ebenfalls Kontakt, jedoch nur auf das andere Geschlecht bezogen. Wahrscheinlich hat er sich vordergründig nicht wegen des Kochenlernens zu diesem Kurs angemeldet, sondern in der Hoffnung, in einem Kochkurs, der vorwiegend von Frauen belegt wird, eine mögliche Partnerin zu finden. Doch nicht nur das Fixieren der jüngeren Kursteilnehmerinnen, auch das Fehlen eines Eheringes und die Tatsache, dass Anzug und Schuhe farblich nicht zueinander passen, lässt darauf schließen, dass dieser Mann offensichtlich ohne eine Frau an seiner Seite lebt und auf Partnersuche ist. Sein gepflegtes Äußeres mit Anzug, Krawatte und Aftershave lässt vermuten, dass er sehr wahrscheinlich einer Büroarbeit nachgeht, die allerdings schlecht bezahlt sein muss, da Anzug, Schuhe und Aftershave billig wirken. Das ein wenig arrogante und herablassende Verhalten der 55-jährigen Dame gegenüber während des gemeinsamen Kochens, die ganz offensichtlich nicht in sein Beuteschema passt, die Tatsache, dass er sich vor allen weniger angenehmen Arbeiten (z.B. Kartoffelschälen) zu drücken versucht sowie die Tatsache, dass er sich wenig bemüht, mit den beiden Frauen in seiner Gruppe zusammenzuarbeiten, zeugt von einer geringen Sozialkompetenz und lässt ihn wenig sympathisch erscheinen. Auch sein Verhalten am Ende des ersten Kursabends, als er, während die Kursleiterin noch ein paar abschließende Worte spricht, schon seinen Autoschlüssel hervorholt und mit diesem für alle ganz offensichtlich herumspielt, wobei der große BMW-Schlüsselanhänger jedem ins Auge fallen muss, macht auf unsere junge Frau keinen allzu guten Eindruck. Im Gegenteil: Dieses Verhalten unterstreicht für sie nur noch sein arrogantes, selbstgefälliges und oberflächliches Wesen.

Schon dieses kleine Beispiel zeigt: Wir alle spielen im Alltag – bewusst oder unbewusst – Rollen und versuchen andere Menschen, die wir nicht oder kaum kennen – bewusst oder unbewusst – in eine bestimmte Rollen-Schublade zu stecken, indem wir äußere Zeichen und Verhaltenshinweise zu deuten versuchen und schließlich zu einem – für uns logischen – Gesamtbild zusammenfügen. Oft lassen wir uns dabei von ähnlichen Beispielen oder früheren Erfahrungen leiten. Unsere junge Frau vergleicht vielleicht die 55-jährige Dame mit ihrer Mutter, die tatsächlich jahrzehntelang Hausfrau und Mutter gewesen war und nach dem Auszug ihrer Tochter in ein tiefes Loch gefallen ist. Auf unsere Dame im Kochkurs muss dieses Schema jedoch nicht zutreffen. Diese Dame legt vielleicht wenig Wert auf Äußerlichkeiten, arbeitet im sozialen Bereich (deshalb der warmherzige Ausdruck), ist frisch geschieden (und deshalb ein wenig traurig wirkend) und erhofft sich mit diesem Kochkurs ein wenig Ablenkung von ihren Scheidungssorgen. Vielleicht hofft sie insgeheim auch, dort eventuell einen neuen Partner kennen zu lernen, der ihre Leidenschaft fürs gute Essen teilt. Unsere junge Frau hätte diese Dame somit in eine völlig falsche Kategorie gepresst. Bei näherem Kennenlernen im Laufe der nächsten Wochen müsste sie dann nach und nach ihr Bild revidieren.

Auch der etwa dreißigjährige Mann, den unsere junge Frau unbewusst mit einem unsympathischen, machohaften Kollegen „in einen Topf geworfen" hat, muss nicht in diese Schublade passen. Vielleicht verdient er ganz gut und befindet sich sogar beruflich in einer höheren Position, legt aber wenig Wert auf teure Kleidung, hat stattdessen jeden Cent für einen neuen BMW gespart, den er sich vor kurzem schließlich gekauft hat und auf den er sehr stolz ist. Auch wenn er tatsächlich Single und auf Partnersuche ist, hat er sich vielleicht nicht selbst für diesen Kurs entschieden, sondern hat die Teilnahme am Kochkurs von seinem besten Freund geschenkt bekommen, der ihm auf diesem Wege zu einer neuen Freundin verhelfen wollte. So würde sich das Desinteresse des 30-Jährigen am Kochen erklären lassen. Das eingehende Betrachten der Kursteilnehmerinnen war vielleicht nur eine visuelle Überprüfung der Überredungen seines Freundes („Du musst zu diesem Kurs gehen, auch wenn du keine Lust hast. Was glaubst du, wie viele tolle Frauen du dort kennen lernen kannst!").

Vielleicht … vielleicht auch nicht. Nicht jedes Bild, das wir uns von einem anderen Menschen machen, muss auch stimmen. Oft versuchen

Menschen auch ganz bewusst eine bestimmte Rolle im „Außen" zu spielen, die der Wahrheit nicht oder nicht ganz entspricht.

Wer kennt sie nicht? Leute, die viel zu teure Designerkleidung tragen, die sie sich eigentlich gar nicht leisten können, nur um wohlhabender zu wirken, als sie sind.

Männer, die sich einen neuen, exklusiven Sportwagen leasen, aber kaum das Geld für die Leasingrate und das Benzin aufbringen, nur in der Hoffnung, mit einem schnittigen, sportlichen Auto selbst attraktiver zu wirken.

Oft funktioniert dies, d.h. die dargestellte Außenrolle wird „geglaubt". Doch warum ist das so? Aus welchem Grund lassen wir uns durch Oberflächlichkeiten wie Kleidung, Schmuck, Auto, einem selbstsicheren Auftreten blenden? Wie kommt unserer „Bild", das wir uns von dem/den anderen machen, zustande?

Um uns sozial orientieren zu können, müssen wir den anderen in seinen Grundzügen „deuten". Doch da uns in der Regel nur eine kleine Summe an Informationen gegeben wird, sind wir gezwungen, dieses Wenige an Wissen zu einem sinnvollen Gesamtbild zusammenzufügen. Dieses „Bildnis", das wir anhand weniger Informationen kreieren, muss jedoch auch Wissenslücken kompensieren, so dass es oft zu falschen Generalisierungen kommen kann. Jemand, der teure Kleidung trägt, muss nicht zwangsläufig wohlhabend sein. Ein Nachbar, der immer freundlich grüßt und einen sympathischen Eindruck macht, kann in Wahrheit ein sehr schwieriger Zeitgenosse sein, wenn man ihn näher kennen lernt. Andererseits kann ein eher unfreundlich wirkender Nachbar, den vielleicht schwere Sorgen plagen, in einer Notsituation plötzlich und unerwartet sehr hilfsbereit und zuvorkommend sein. In solchen Fällen muss man sein Bild, das man sich (vielleicht sogar über Jahre hinweg) gemacht hat, revidieren. Erschreckend wir dies, wenn das Bild in seinen Grundzügen erschüttert wird und ins kolossale Gegenteil gewendet werden muss. Wie oft hören und sehen wir in den Medien Interviews von Nachbarn, Bekannten, Freunden oder gar Verwandten, die nicht glauben können, dass die Person X, die sie seit Jahren kennen (und teilweise gut gekannt zu haben glaubten), etwa als Kinderschänder oder Mörder entlarvt wurde. „Er hat doch immer freundlich gegrüßt", stammeln viele fassungslos. Oder man stellt betroffen fest: „Er hat doch so einen ruhigen, unauffälligen Eindruck gemacht."

Was war hier passiert? Wie konnte man sich so täuschen?

Die (wenigen) Kenntnisse, die man hatte, wurden zu einem falschen Gesamtbild akkumuliert. Neue Informationen, die man im Laufe der Zeit bekommen hatte, wurden dann in dieses anfangs gefertigte Schema gepresst (z.B. er trägt unter der Woche einen Anzug, geht regelmäßig zum Frisör und hat eine geregelte Arbeit, somit ist er seriös und gut bürgerlich, das kann kein Krimineller sein).

Solchen trügerischen Bildnissen verfallen wir immer wieder. Dies mag auf den ersten Blick erstaunen, wird aber verständlich, wenn wir uns vor Augen führen, dass selbst in den engsten sozialen Beziehungen vieles für den anderen im Dunkeln bleibt (eine totale Information wäre auch unerträglich).

Selbst unter den Ehepartnern wird nicht alles „offen gelegt", was nicht zwangsläufig ein Zeichen der Unehrlichkeit sein muss, sondern vielmehr zum Besten der Ehe gereichen kann, weil in manchen Bereichen eine gnadenlose Offenheit den anderen nur verletzen oder unnötig beunruhigen würde. So wird oft die wahre Meinung über nahe Verwandte des Ehepartners verschwiegen, nicht auf kleine Fehler oder Unzulänglichkeiten des Partners aufmerksam gemacht, es werden manche finanziellen Ausgaben etwas schön geredet, manche Bedürfnisse, Wünsche und Hoffnungen, die der Partner nicht erfüllen kann, gar nicht geäußert, manche Fehler des anderen stillschweigend hingenommen. Gut funktionierende Ehen leben von solchen verborgenen Informationen, auch wenn sich die Partner durch und durch zu kennen glauben. In mancherlei Hinsicht ist es ja auch schön, den anderen nicht in- und auswendig zu kennen, sondern sich immer wieder von Neuem durch ihn überraschen zu lassen. Wer den anderen vollkommen zu kennen glaubt, hat sich von ihm ein zu starres Bildnis gemacht, das keinen Raum für die freie Entfaltung seiner Persönlichkeit mehr lässt. Ein zu scharf konturiertes Bild kann in sehr engen sozialen Beziehungen auch manchmal ein sehr lieblos gefertigtes Bildnis sein, weil es mehr einer Schablone gleich kommt.

In anderen Situationen jedoch – wie bereits erwähnt wurde – bleibt uns vielfach nichts anderes übrig, als bestimmte Klischeevorstellungen auf fremde oder nicht gut bekannte Personen zu übertragen, nämlich dann, wenn uns in bestimmten sozialen Kontexten schlüssige Informationen fehlen. So können in vielen alltäglichen Gegebenheiten die „wahrhaften" Gefühle, Einstellungen und Fähigkeiten anderer Personen nur indirekt durch seine Selbstdarstellung oder durch andere äußere Umstände erschlossen – oder gar nur erraten – werden.

Nicht selten wird eine Kleinigkeit, ein minimales äußeres „Zeichen" zum entscheidenden Zünglein an der Waage und lässt ein generalisiertes Bild in uns entstehen, weil wir schnell und ohne Überprüfung ein Gesamtbild kreieren müssen, um handeln zu können.

Wenn wir das erste Mal eine neue Arztpraxis betreten, hoffen wir natürlich, dass es sich um einen kompetenten Arzt handeln wird. Wenn uns darüber Informationen fehlen (etwa über die Empfehlung eines Freundes), suchen wir unbewusst „Anhaltspunkte", mit deren Hilfe wir uns ein Bild machen können. Kleinigkeiten wie die Einrichtung der Praxis, das Verhalten der Arzthelferinnen oder das Erscheinungsbild des Arztes lässt in uns dann eine Meinung reifen, die durch die Interpretation des Verhaltens des Arztes dann verstärkt wird und natürlich zu falschen Schlussfolgerungen führen kann.

Ein anderes Beispiel wäre der Kontakt mit einem Vermögensberater, der uns zu Hause besucht, um uns eine Lebensversicherung oder eine andere Anlagemöglichkeit zu offerieren. Wir kennen diesen Mann nicht, da er uns von einem Institut geschickt wird, auf das wir durch Werbung aufmerksam geworden sind. Bei der ersten persönlichen Begegnung mit ihm suchen wir dann krampfhaft nach äußeren „Zeichen", die eine Interpretation (seiner Person, vor allem seiner Seriosität) möglich macht.

Hat er kein hundertprozentig gepflegtes äußeres Erscheinungsbild (ein kleiner Fleck auf seinem hellen Hemd, ein lockerer Knopf oder eine schief sitzende Krawatte können hier schon Auslöser für eine negative Interpretation der ganzen Person sein), wird es uns schwerfallen, ihn als absolut seriös einzustufen. Die Nachlässigkeit in seiner Kleidung kann auch eine nachlässige Haltung in beruflichen Dingen bedeuten. Dass jeder Mensch nicht immerzu, selbst bei größter Bemühung, wie aus dem Ei gepellt aussehen kann, vernachlässigen wir in diesem Fall. Denn ohne (zuverlässige) Informationen müssen wir generalisieren, auch wenn wir Personen damit noch so unrecht tun. Hat unserer Finanzberater dagegen einen sehr teuer wirkenden Maßanzug und italienische Lederschuhe an, urteilen wir vorschnell, er könne sich sicherlich nicht gut um die Anliegen seiner Kunden kümmern und es komme ihm nur auf seinen eigenen Profit an (was natürlich ebenfalls nicht stimmen muss).

Selbst sein Auto, mit dem er zu uns gefahren kommt, kann ausschlaggebend für ein „Bildnis" und letztendlich für einen Vertragsabschluss sein. Ist sein Wagen zu alt und nicht gehoben genug, bezweifeln wir sein gutes Händchen in finanziellen Dingen. Wirkt sein Auto dagegen zu protzig, erscheint uns der Mensch zu unseriös.

Wir sehen, wie schnell wir uns eine Meinung bilden (müssen), wenn es an tatsächlichen Informationen fehlt. Andererseits müssen natürlich in vielen Berufen ganz bewusst Rollen gespielt werden, um Situationen im Geschäftsbereich positiv zu beeinflussen.

Besonders im Dienstleistungsgewerbe ist dies unerlässlich und wird von den Kunden in den meisten Fällen sogar gewünscht. Von einem Frisör beispielsweise wird in aller Regel von seiner weiblichen Kundschaft nicht nur verlangt, dass er die Damen gut frisiert und verschönert, fast genauso wichtig ist das Gespräch. Viele Frauen gehen nur deshalb zum Frisör, um ein offenes Ohr für gewisse Gesprächsthemen zu bekommen, auch wenn ihnen bewusst sein muss, dass dies den Frisör überhaupt nicht interessiert. Sein vorgetäuschtes Interesse für ihr Privatleben und seine gespielten Komplimente gehören zu seiner beruflichen Rolle, die er spielen muss und dessen Darstellung auch so erwartet wird.

Auch Verkäufer und Verkäuferinnen müssen in ihrem Beruf einem Rollenklischee entsprechen. Sie sollten stets – zumindest in ihrer Außendarstellung – freundlich, zuvorkommend und an den Wünschen des Kunden interessiert sein. Auch wenn sie den Kunden nervig oder unsympathisch finden, müssen sie diese erwartete Rolle spielen. Kein Kunde möchte schließlich die wahren Gedanken und Einstellungen des Verkäufers ihm gegenüber tatsächlich wissen.

Selbst Ärzte müssen oft im Umgang mit ihren Patienten ihre wahren Gefühle und Gedanken verbergen. So sind sie vielfach gezwungen, auch ungepflegte und/oder sehr schwierige Patienten gründlich und freundlich zu untersuchen, wenn dies medizinisch notwendig ist. Auch Patienten mit kleinen Wehwehchen müssen sie ernst nehmen. Hypochonder dürfen sie nicht brüsk aus der Praxis verweisen, auch wenn sie dies am liebsten tun würden, um ihre Zeit den wahrhaft kranken Menschen widmen zu können. Schwer kranken Patienten mit einer schlechten Prognose müssen sie Zuversicht übermitteln, dürfen ihnen gegenüber nicht zu viel Mitleid zeigen, um sie nicht zu verunsichern und völlig zu deprimieren. Oft ist in diesen Fällen die Gratwanderung sehr schwierig. Bleiben sie zu sachlich (besonders bei langjährigen und schwer kranken Patienten), wirken sie nach außen hin sehr kalt und unsensibel, zeigen sie zu viel Mitgefühl, kann dies beim Patienten sehr leicht zu schweren Angstgefühlen führen.

Neben den rein medizinischen Grundlagen muss (oder sollte zumindest) von jedem Arzt auch ein angemessenes Rollenverhalten erlernt werden, das den Umgang mit den Patienten strukturiert.

Ebenso müssen Lehrer um die Aufrechterhaltung einer Rolle bemüht sein. Um von ihren Schülern respektiert zu werden, müssen sich viele Lehrer (und besonders Lehrerinnen) nach außen hin strenger geben, als sie es tatsächlich sind oder sein wollen. Auch dürfen sie gewisse Sympathien oder Antipathien gegen einzelne Schüler nicht offen zeigen. Kurzum: Lehrer sind gezwungen, die Rolle des strengen, aber gerechten Lehrkörpers zu spielen, der grundsätzlich alle gleich behandelt und am Wohl jedes einzelnen Schülers gleichermaßen interessiert ist. Dass dies tatsächlich nur in den wenigsten Fällen auch so ist, ja dies von keinem Lehrer eigentlich – zumindest auf Dauer – auch geleistet werden kann, steht natürlich auf einem ganz anderen Blatt.

Auch wenn Erving Goffman dies sicherlich sehr überspitzt formuliert, wenn er behauptet: „sie alle sind zynische Darsteller, denen ihr Publikum nicht gestattet, aufrichtig zu sein"[129], so hat er im Grunde mit dieser Feststellung doch recht. Jeder Arbeitnehmer, der mit anderen Menschen in Kontakt kommt, muss in seinem Beruf mehr oder minder konsequent eine bestimmte Rolle spielen.

Dieses Rollenspiel im beruflichen Alltag umfasst in manchen Fällen auch ganze Gruppen, die gezwungen sind, gemeinsam nach Außen eine bestimmte Fassade aufrechtzuerhalten.

Gibt es beispielsweise bei einem Handwerksbetrieb eine Beschwerde über einen Mitarbeiter, so wird der Chef in vielen Fällen zunächst versuchen, die Sache vor dem Kunden schön zu reden und seinen Mitarbeiter in Schutz zu nehmen, auch wenn er diesen danach (wenn der Kunde nicht mehr anwesend ist) scharf zurechtweisen und evtl. hart abstrafen wird. Denn würde er nach außen hin den Fehler seines Mitarbeiters eingestehen, so würde unter Umständen der Ruf der ganzen Firma gefährdet werden.

Ähnliches gilt auch im medizinischen Bereich. Überall wo Menschen arbeiten, werden Fehler gemacht. Würden diese Fehler jedoch etwa in Arztpraxen oder Krankenhäusern den Patienten bekannt werden, wären diese unter Umständen dermaßen verunsichert, dass sie sich auf keine Behandlung mehr einlassen würden. Aus diesem Grunde wird auch das medizinische Personal stets strengstens bemüht sein, (kleinere) Fehler und interne Probleme „hinter den Kulissen" zu klären und vor den Patienten zu verbergen.

Stellen wir uns einmal folgende Situation vor:

Ein Patient befindet sich im Krankenhaus zu einer ambulanten Untersuchung. Während dieser Untersuchung muss er etwa eine Dreiviertelstunde ruhig auf einer Liege verbringen. Die Krankenschwester, die diese Untersuchung durchführt, muss während dieser Zeit im Raum bleiben und das Ganze an einem Monitor überwachen, was zwangsläufig nach einer gewissen Zeit (nach einem kurzen Smalltalk mit dem Patienten) sehr langweilig für sie werden wird. Kommt nun eine Kollegin von ihr in den Raum und will interne Dinge mit ihr besprechen, wird sie vor folgendes Problem gestellt werden: Sie könnte die Wartezeit der Untersuchung

129 Goffman, Erving: Wir alle spielen Theater, S. 20.

sinnvoll nutzen und bestimmte Interna mit ihrer Kollegin besprechen, läuft dabei aber Gefahr, dass der Patient eventuell Dinge erfährt, die besser vor ihm verschwiegen werden sollten. Die andere Alternative wäre nur ein ganz kurzes, streng sachliches, für jeden Außenstehenden unverfängliches Gespräch mit ihrer Kollegin und ein anschließendes, sehr langweiliges und ödes Warten auf das Ende der Untersuchung. Im Zweifel wird ein geschultes, erfahrenes Personal die letztere Alternative vorziehen, um gewisse „Gefahren" von vornherein auszuschließen. Denn fragt etwa die Kollegin nach einer Patientenakte, die sie nicht finden kann und die ganz offensichtlich vom medizinischen Dienstpersonal verlegt wurde, kann diese „Kleinigkeit" beim mithörenden Patienten unter Umständen kolossale Folgen haben. Ihn könnte die Tatsache, dass der Umgang mit Patientendaten scheinbar in dieser Klinik nicht streng penibel und korrekt gehandhabt wird, zu einem Generalurteil verleiten: Wird offenbar so wenig Sorgfalt auf die Sicherheit der Patientenakten gelegt, werden vielleicht auch die Untersuchungen „schludrig" durchgeführt. Verschwinden Patientenakten, könnte dies unter Umständen auch gravierende Gründe haben: Vielleicht sollen damit Ärztefehler vertuscht werden. Der komplette Ruf dieser Klinik könnte durch das zwangsläufige Mithören und Mitbekommen dieses Fehlers in Gefahr geraten, besonders wenn dieser Patient in seinem Verwandten-, Freundes- und Bekanntenkreis davon – aus seiner Sicht – berichtet.

Wir sehen: Die Aufrechterhaltung eines korrekten Rollenverhaltens ist in vielen Berufen überaus wichtig, auch die Mithilfe im Team ist vielfach vonnöten. Interne Probleme sollten stets „hinter den Kulissen" besprochen werden, auch wenn sie noch so nichtig erscheinen mögen. Bestimmte Berufsgruppen müssen nach außen hin einen Schein wahren und geschlossen an einem bestimmten Rollenverhalten arbeiten, um die makellose Fassade aufrechterhalten zu können.

Ähnliches gilt natürlich nicht nur im medizinischen Bereich, sondern auch in vielen anderen „harmloseren" und alltäglichen Situationen.

Viele Gäste eines Restaurants würden dasselbe sicherlich nicht mehr betreten, wenn sie wüssten, wie die Küche geführt wird. Kellner und Kellnerinnen, die korrekt und sauber erscheinen und ein gemütliches Ambiente können sehr leicht darüber hinwegtäuschen, dass in der Küche weniger Sorgfalt und Hygiene herrschen als in den für den Gast „offensichtlichen" Gegebenheiten.

Letztendlich bleibt uns nichts anderes übrig, als darauf zu vertrauen, was wir sehen und was wir als Anhaltspunkt für ein Gesamtbild werten. Wir sind im Alltag ständig gezwungen zu generalisieren, zu typisieren und zu idealisieren, wobei uns meist nicht bewusst ist, dass jeder Mensch in vielen Situationen Rollen spielen will (und/oder muss) und alles nur „scheinbar" so ist, wie wir es sehen – oder sehen wollen.

Dies bezieht sich nicht nur auf unser Berufsleben, nein, auf unser ganzes Leben. Wir spielen ständig und immerzu, in allen Bereichen unseres Lebens, Rollen. Vielfach unbewusst, unbemerkt – und doch von entscheidender Konsequenz.

Das einzelne Individuum ist nicht nur „Schauspieler" verschiedener Rollen, sondern auch Träger unterschiedlicher Funktionen und in seinem Alltag (teils widersprüchlicher) Verpflichtungen ausgesetzt. Das Subjekt, das sich laut Parsons über ein „Bündel von Rollen"[130] definiert, konzipiert seine Persönlichkeit in einem Schnittpunkt der „Der Kreuzung sozialer Kreise"[131], wie dies Georg Simmel bezeichnete. Schauen wir uns dieses Phänomen einmal an einem Beispiel an:

Herr Müller, 43 Jahre alt, verheiratet, hat eine 13-jährige Tochter, arbeitet als Sachbearbeiter in einem Metall verarbeitendem Betrieb, ist Mitglied der Gewerkschaft und engagiert sich in einer Bürgerinitiative gegen den Ausbau einer Schnellstraße, die durch seinen Wohnort führt, zudem trifft er sich einmal pro Woche mit seinen Kegelfreunden zur Entspannung.

Wer ist nun dieser (fiktive) Herr Müller?

Wie konzipiert sich seine Persönlichkeit?

Die Mitglieder der unterschiedlichen sozialen Kreise würden hierauf sicherlich teilweise konträre Antworten geben. Viele Rollen, viele Funktionen vereinen sich in dieser Person zu einem „Ganzen", das wenige, vielleicht niemand, in seinem ganzen Ausmaß kennen wird (vielleicht nicht einmal Herr Müller selbst). Herr Müller ist verpflichtet, im ganz Privaten die Rolle des Ehemanns und Vaters zu spielen, und ist hier vielleicht als verständnisvoll, liebevoll, großzügig und nachgiebig bekannt. Unter seinen Kegelfreunden wird er zwar als netter Kumpel, aber auch als ein wenig arrogant eingestuft werden, da er eine gut bezahlte Schreibtischtätigkeit innehat und über eine gewisse Bildung verfügt, während alle anderen Mitglieder des Kegelclubs in weniger gut bezahlten Jobs arbeiten und sich in ihrer Freizeit nicht mit politischen und bildungsbezogenen Themen befassen. In den Kreisen der Bürgerinitiative und der Gewerkschaft wird er dagegen als zu passiv und zu wenig engagiert angesehen werden, da er sich nicht lautstark und enthusiastisch an den Problemdiskussionen beteiligt und eher still an den Versammlungen teilnimmt.

130 Parsons, Talcott: The social system, S. 26.

131 Simmel, Georg: Soziologie, S. 456.

Als Arbeitnehmer ist er seinem Chef als zuverlässig, korrekt und arbeitsam bekannt. Unter den Kollegen wird er dagegen als unterwürfig und langweilig eingestuft.

Und „wer" ist er nun tatsächlich?

Ein Durchschnittsbürger, der Tag für Tag unterschiedliche Rollen spielen muss in jeweils anderen sozialen Kreisen. Und machen wir uns nichts vor: Der unterschiedliche Funktionen erfüllen muss, die sich teilweise widersprechen und denen er dennoch gerecht werden muss. Konflikte werden im Alltag nicht lange auf sich warten lassen.

So wird er in Absprache mit seiner Frau den Konzertbesuch verbieten, den sich seine Tochter über alles wünscht, den er aber nicht erlauben kann, da er an einem Sonntagabend stattfindet und seine Tochter am nächsten Morgen zur Schule gehen muss. So erfüllt er die Rolle des Ehemanns zwar perfekt (indem er im Sinne seiner Frau handelt, er selbst hätte vielleicht anders entschieden und eine Ausnahme gemacht), wird aber von seiner Tochter (zumindest zeitweise) gehasst werden.

In seiner Firma wird er sich vielleicht freiwillig für eine ungeliebte Mehrarbeit bereit erklären und kann damit bei seinem Chef „punkten", wird aber von seinen Kollegen dafür als jemand, der „vor seinem Vorgesetzten buckelt", verachtet werden.

Nimmt er an einer kurzfristig anberaumten Gewerkschaftsversammlung teil und kann sich deswegen nicht wie üblich am Mittwochabend mit seinen Kegelfreunden treffen, so wird seine Anwesenheit bei den Gewerkschaftsmitgliedern zwar unter Unterständen positiv registriert werden, aber vielleicht von manchen Kegelfreunden nicht verstanden werden.

Wir sehen: Niemand kann es allen recht machen. Oder etwas soziologischer formuliert: Im Schnittpunkt sozialer Kreise ergeben sich zwangsläufig immer wieder Konflikte.

Jedes Individuum wird im Alltag immer wieder einigen sich widersprechenden – oder gar nicht zu vereinbarender – Anforderungen ausgesetzt. Kurzum: Es gerät in „Interrollenkonflikte". Dass es dabei nicht selbst in eine schwere Krise und in innere Konflikte gerät, hat es nur einer einzigen Tatsache zu verdanken: Seiner individuellen Persönlichkeit! Diese sagt ihm, welche Schwerpunkte, welche Prioritäten es setzen muss, welcher soziale Kreis als „Überhang" in seinen Schnittpunkt gelangen darf.

Ein Rollenverhalten kann natürlich auch zu bewussten oder unbewussten (teils schwerwiegenden) Täuschungen führen. Nicht jeder spielt seine Rolle in einem sozial üblichen Rahmen, viele übertreiben auch ein bestimmtes Rollenklischee oder versuchen, ihre Selbstdarstellung im Außen in einer trügerischen Art und Weise zu beschönigen. Man kennt das besonders bei Kontaktanzeigen. Hier sind alle Männer vorzeigbar, sportlich und einfühlsam (wobei Sport in der Realität meist nur passiv im Fernsehen oder im Fußballstadion erlebt wird und das Aussehen und die Charakterdarstellung subjektiv überbewertet wird). Die Frauen sind allesamt schlank, gut aussehend und eine Frohnatur (Problemzonen und Stimmungsschwankungen werden wohlweislich verschwiegen).

Das Internet bietet noch weitere Fallen: Neben falschen Angaben, vielversprechenden Pseudonymen und retuschierten Fotos können hier vollkommen andere Identitäten angenommen werden. Trug und Schein werden hier großgeschrieben – was allen im Grunde eigentlich auch bewusst ist – und doch führt es Tag für Tag immer wieder zu groben Enttäuschungen. Hier werden vielfach Rollen gespielt, die mit der Realität (fast) nichts mehr zu tun haben. Parallelwelten entstehen, in denen die selbst gewählte Rolle alles ist – und wo man sich von den aufoktroyierten Rollen des Alltags und der Realität befreien kann.

Denn eines muss man sich durchaus bewusst machen: Viele Rollen, die wir im Alltag spielen, sind zugeteilte und erzwungene Rollen. Rollen, auf deren Darstellung wir schon frühzeitig vorbereitet wurden. Denn auch Rollenverhalten wird internalisiert, Rollenpflichten werden erlernt. In jedem Einzelnen werden im Laufe des Lebens (und schon von frühester Kindheit an) psychische Prozesse vollzogen, die zu einer Verselbstständigung eines bestimmten Rollenverhaltens führen. Ein extremes Beispiel hierfür wäre eine geschiedene und alleinerziehende Mutter, die schon früh ihren Sohn in die Rolle des männlichen Familienoberhauptes drängt, um den fehlenden Ehepartner zu ersetzen.

Weniger dramatische und alltägliche Beispiele wären etwa die christliche Erziehung, die zu einem Rollenverhalten der Nächstenliebe führt, oder ein Vater, der sich bemüht, in seinem Sohn ein technisches Interesse und Verständnis zu wecken, um ihn schon frühzeitig in die Richtung eines bestimmten Berufsbildes (etwa Ingenieur) zu führen.

Doch wie kommt die (erfolgreiche) Internalisierung eines bestimmten Rollenverhaltens zustande?

Normen und Werte werden internalisiert und in unser Unterbewusstseins verankert. In jedem Menschen besteht ein Urbedürfnis nach „sozialem Anschluss" und Konformität. Da jede Abweichung von verinnerlichten Werten und Normen nicht nur zu einer äußeren Bestrafung im engeren sozialen Umfeld (z.B. durch die Eltern) führen kann, sondern auch im eigenen Inneren Schuldgefühle auslöst, gerät das Individuum unweigerlich in einen psychischen Konflikt, wenn es dem vorgegeben Rollenverhalten nicht entspricht. Die internalisierten moralischen Maxime beeinflussen so das Individuum zu einem rollenkonformen Handeln.

Aber nicht nur in der Kindheit, auch im weiteren Verlauf unseres Lebens werden uns immer wieder spezielle Rollen zugeteilt, auferlegt oder es wird ganz einfach ein bestimmtes Rollenverhalten nachhaltig von uns erwartet. So muss der Ehemann den Beschützer spielen, der Vater den Allwissenden, die Ehefrau die Verständnisvolle, die Mutter die Liebevolle und Verzeihende etc.

Neben den auferlegten und fremd bestimmten Rollen gibt es andererseits aber auch Rollenvorbilder und freiwillig nachgeahmte Rollenbilder, denen wir gern entsprechen (möchten).

Die Internalisierung eines Rollenbildes kann auch durch die Rollenglaubwürdigkeit und Attraktivität einer sozialisierenden Person zustande kommen. Die Identifikation mit einem sozialen Vorbild führt so zu der Überabnahme eines bestimmten Rollenverhaltens, das wir nachahmen möchten. So kann der Einfluss einer warmherzigen, großzügigen und gerechten Großmutter beispielsweise das Frauen-Rollenbild eines kleinen Mädchens in vielerlei Hinsicht positiv beeinflussen. Natürlich gibt es auch negative Einflüsse. So können durchsetzungsstarke (aber skrupellose) Freunde leicht zu einem Negativ-Rollenvorbild werden oder attraktive, jedoch oberflächliche Personen zu einem Trugschluss und falschen Rollenverständnis verleiten.

Auch Lächerlichkeit und Spott können unter Umständen das Ergebnis eines nachgeahmten Rollenverhaltens werden: Neureiche etwa, die zwanghaft, verkrampft und übertrieben die nonchalante Lebenshaltung der Oberschicht nachahmen wollen und damit dann ganz besonders (negativ) auffallen, oder andererseits der schwächliche, gebildete und zart besaitete Oberschichtjüngling, der in einem gewissen Alter rebellieren und sein Umfeld schocken will, indem er den Jargon und das Verhalten der Arbeiterjungen nachahmt. Auch er macht sich durch die Übernahme einer nicht gelernten Rolle lächerlich. Beide Phänomene wurden schon in zahlreichen Hollywood-Filmen vielfältig darstellt und amüsierten stets die Zuschauer.

Rollen können nicht nur erzwungen, nachgeahmt oder erworben werden, Rollenbilder können auch (teilweise abrupt) verloren werden.

Besonders dramatisch kann sich ein Rollenverlust dann gestalten, wenn sich eine Person mit ihrer Rolle oder mit einer ihrer Rollen im Gesamten oder zumindest zu einem Großteil identifiziert, d.h. wenn sich ihre Persönlichkeit entscheidend an einem bestimmten Rollenbild fixiert. Ein Mann, der für seinen Beruf lebt und ein großes Maß an Anerkennung im Rahmen seiner beruflichen Tätigkeit erfährt, wird in ein tiefes Loch fallen, wenn er diese verlieren sollte, sei es durch eine Kündigung oder aber auch durch die Berentung. Die Rolle des erfolgreichen, mehr oder minder gut bezahlten Arbeitnehmers wird nun durch die (auch gesellschaftlich weniger anerkannte) Rolle des Arbeitslosen oder Rentners ersetzt. Nicht nur finanzielle Einbußen und andere Tagesabläufe, nein, auch die veränderte bzw. verlorene Rollenidentifikation kann hier zu schweren psychischen Krisen führen.

Doch inwiefern implementieren Rollen auch Normen?

Haben Rollen einen normativen Charakter?

Durchaus.

Rollen sind stets mit bestimmten, auch normativen Erwartungen verbunden. Im Idealfall sind die Selbsterwartungen des Rolleninhabers identisch mit den Fremderwartungen seiner Außenwelt. Die Internalisierung einer Rolle beinhaltet auch das Erlernen von Verhaltensweisen, die den Rollenerwartungen entspricht. Die Mutterrolle beispielsweise beinhaltet nicht nur Liebe, sondern mit dieser Rolle wird gesellschaftlich auch ein großes Maß an Fürsorgepflichten, Nachsicht, Geduld und eine Bereitschaft zur eigenen Aufopferung erwartet. Rollenerwartungen können nur dann (gänzlich) erfüllt werden, wenn alle Mitglieder eines Sozialsystems sich auf „generalisierte Rollennormen"[132] einigen (wie Uta Gerhardt betont), d.h. alle Mitglieder einer Gesellschaft mit einem bestimmten Rollenbild die gleichen Erwartungen verbinden. Andererseits müssen jedoch dem Rolleninhaber diese Erwartungen auch bekannt sein, damit er diese erfüllen kann und seine eigenen Rollenpflichten daraus ableiten kann.

Wird jemand als ein neues Mitglied in einen Golfclub aufgenommen, muss er die Rollenerwartungen erfüllen, die mit der Rolle eines Clubmitgliedes dieser Gemeinschaft verbunden sind. Neben den Beiträgen finanzieller Art werden an ihn sicherlich noch eine Vielzahl anderer Erwartungen gestellt werden, z.B. eine bestimmte Kleidung, Verhaltensweisen etc. Zur Erleichterung des Rollenlernens wird ihm bestenfalls ein langjähriges Mitglied Ratschläge und Einweisungen geben (beim Clubvorsitzenden darf man bestimmte politische Themen nicht anschneiden oder Ähnliches).

Egal in welchen neuen Sozialverband man im Alltag auch geraten wird, sei es durch einen neuen Arbeitsplatz, durch einen Wohnungswechsel an einen neuen Ort, durch die Einheiratung in eine fremde Fami-

132 Gerhardt, Uta: Rollenanalyse als kritische Soziologie, S. 126.

lie – überall wird man gezwungen werden, eine neue Rolle zu spielen und ein bestimmtes Rollenverhalten zu erlernen. Normative Vorgaben werden an diese Rollen verknüpft sein.

Oder wie es die Soziologin Gerhardt so treffend formuliert: „Seine Rolle ist ein Aggregat von Pflichten, die er gegenüber Interaktionspartnern zu erfüllen hat."[133]

Diesen Erwartungen, Pflichten und Vorgaben ist er „mehr oder minder passiv ausgeliefert"[134], da er sie in aller Regel als „Rolleninhaber wenig beeinflussen kann"[135]. So „ordnet er sich ihnen unter, verhält sich konform, d.h. er erfüllt die an ihn gerichteten Erwartungen"[136], wie Gerhardt weiter feststellt. Denn würde er diesen normativen Erwartungen und Regeln nicht entsprechen, würden auch hier Sanktionen erfolgen.

Doch wie würden solche Sanktionen aufgrund einer nicht erfüllten Rollenerwartung aussehen?

Im Falle der Clubmitgliedschaft wäre ein konsterniertes und distanziertes Verhalten der anderen Clubmitglieder, im schlimmsten Falle ein Ausschluss aus dem Club denkbar.

Bei einem Fehlverhalten an einem neuen Arbeitsplatz könnte der Rolleninhaber von den neuen Kollegen missachtet und nicht in ihre Gemeinschaft aufgenommen – oder gar gemobbt werden. In schweren Fällen wäre ein Arbeitsplatzverlust die Folge.

In der Rolle des neuen Nachbarn kann man ebenfalls mit Sanktionen rechnen, wenn man bestimmten Erwartungen nicht entspricht. Dies kann von kleineren Sanktionen, wie nicht mehr Grüßen und der Verweigerung kleinerer Gefälligkeiten (etwa die Annahme eines Paketes) – bis hin zu schweren Missachtungen und massiven Drohungen reichen (um einen Wegzug zu provozieren).

Jede Rolle hat jedoch „einen spezifischen Sanktionsradius"[137], d.h. jede Rolle „umfasst Sanktionen verschiedener Art und verschiedenen Gewichts"[138], wie es Gerhardt formuliert.

Der jeweilige Spielraum für Sanktionen gegen gebrochene Rollennormen kann gesellschaftlich und rechtlich (streng) festgelegt sein (etwa für Berufsrollen), kann aber auch, beispielsweise im Freundeskreis, sehr

133 Gerhardt, Uta: Rollenanalyse als kritische Soziologie, S. 128.

134 Ebenda, S. 128.

135 Ebenda, S. 128.

136 Ebenda, S. 128.

137 Ebenda, S. 332.

138 Ebenda, S. 332.

variabel sein, d.h. im Einzelfall individuell eingeschränkt oder verschärft werden. Denn während bei allgemeinen, unpersönlichen Rollen bestimmte Handlungen ohne Rücksicht auf die handelnden Personen sanktioniert werden, führt die geringe Distanz bei Freundschaften oder im Familienkreis zu einem ganz anderen „Strafverhalten". Lässt uns ein Kollege bei einer wichtigen Angelegenheit hängen, sind wir zwar von ihm als Kollegen enttäuscht und werden ihm diese Enttäuschung auch zeigen (indem wir ihn ebenfalls nicht mehr hilfreich bei der Arbeit unterstützen), mehr aber auch nicht. Lässt uns dagegen ein sehr guter Freund in seiner Rolle als „bester Freund" im Stich, kann unsere Enttäuschung darüber dermaßen immens sein, dass wir den Kontakt zu ihm abbrechen wollen.

In der Familie stattdessen werden Abweichungen vom Rollenverhalten meist weniger stark sanktioniert – oder zumindest auf eine andere Art und Weise. Wenn abweichendes Rollenverhalten bei Freunden, Bekannten oder Arbeitskollegen (scharf) sanktioniert wird, so werden gebrochene Rollennormen in der Familie oft (psychisch leidend) hingenommen. Der Kontakt ist enger, die innere Distanz geringer, das Sanktionspotential befindet sich auf einer ganz anderen Ebene – auch und gerade weil es sich bei familiären Verbänden um stabile Gruppenverbände handelt, die nicht so einfach aufgekündigt werden können. Das Rollenverhalten bleibt hier in aller Regel stabiler, denn würde es nicht mehr erfüllt werden, hätte dies unter Umständen für den Familienverband im Gesamten weitreichende Folgen. Verliebt sich der Ehemann und Vater in eine andere Frau und will deshalb seine Rolle als Ehemann und Vater nicht mehr wahrnehmen, zerbricht nicht nur der enge, kleine Familienverband und muss sich neu strukturieren (die Frau muss dann evtl. den ganzen Tag arbeiten und vordergründig die Rolle der berufstätigen und alleinerziehenden Mutter spielen, das Kind muss die Rolle des umsorgten Sprösslings aufgeben und neue Pflichten selbstständig übernehmen), auch die „Nebenrollen" müssen neu gestaltet werden. Onkel und Tanten väterlicherseits werden den Kontakt zu ihrem Neffen oder ihrer Nichte neu überdenken müssen, ihn sicherlich einschränken oder vielleicht ganz abbrechen. Die Großeltern väterlicherseits werden vor noch größere Probleme gestellt werden, da sie zwar einerseits durch eine Scheidung ihre Rollen als „Schwiegermutter" und „Schwiegervater" verlieren, jedoch die Rolle als Großeltern beibehalten und weiter spielen müssen (und sicher auch wollen).

Eine Rollenaufgabe oder eine Abweichung von Rollenpflichten kann unterschiedliche Auswirkungen haben. Im Familienverband kann dies schwerwiegende Folgen haben, im einem anderen sozialen Umfeld ist dies weniger dramatisch, etwa wenn man die Rollenerwartungen als

Nachbar nicht erfüllt, indem man seine Nachbarn nicht oder nicht freundlich grüßt.

Allgemein kann eine Nichterfüllung der Rollenvorgabe zahlreiche Gründe haben. Auch gibt es vielerlei Abstufungen. Eine Rolle kann perfekt gespielt werden und Rollenerwartungen gänzlich erfüllt werden – oder nur teilweise bzw. gar nicht.

Auch werden Rollenerwartungen manchmal nur scheinbar oder nach außen hin entsprochen, während man sich im Inneren dagegen sträubt. So ist es beispielsweise möglich, dass man zwar noch nach außen an einem bestimmten Rollenbild festhält, aber diese Rolle gar nicht (mehr) spielen will – oder es nur noch halbherzig mit einem großen Maße an innerer Distanz tut.

Viele Arbeitnehmer sind mit ihrer Arbeitssituation und/oder ihrem Vorgesetzten dermaßen unglücklich, dass sie zwar rein äußerlich ihre beruflichen Aufgaben und Pflichten noch erfüllen, aber innerlich längst „gekündigt" haben. Oder um es anders auszudrücken: Sie haben bezüglich ihrer Berufsrolle eine innere Rollendistanz aufgebaut.

Ähnliches kann man auch bei Ehepartnern feststellen, deren Ehe schon sehr zerrüttet ist. Oft bleibt ein Paar noch dem Kind oder den Kindern zuliebe in der Eherolle gefangen, welche jedoch nur noch einen äußeren Schein darstellt. Automatisch werden Pflichten erfüllt und die Rolle gespielt, tatsächlich jedoch hat man sich schon längst losgelöst von dem traditionellen Rollenbild der Ehefrau oder des Ehemannes. Die eigene Selbstkonzeption definiert sich nicht mehr über ein bestimmtes partikulares Rollenbild (des Ehepartners), sondern hat sich (innerlich) schon längst ein eigenes, autonomes Selbstbild erschaffen.

Eine innere Rollendistanz kann, muss aber nicht zu einer Rollenaufgabe führen. Viele fühlen sich in einer ihrer Rollen zwar nicht wohl, behalten sie aber über Jahre, Jahrzehnte oder gar ihr Leben lang bei, auch wenn möglicherweise die Distanz im Laufe der Zeit immer größer zu werden scheint.

Viele junge Lehrer und Pädagogen sind am Anfang ihrer Berufslaufbahn sehr engagiert und optimistisch, mit einem bestimmten pädagogischen Konzept bei ihren Schülern etwas erreichen zu können. Scheitern sie mit diesem Konzept in der Praxis, bauen viele eine innere Rollendistanz auf, d.h. sie bleiben als Beamte zwar notgedrungen in ihrem Beruf, erfüllen ihre Pflichten insoweit, dass sie den Aufgaben des Lehrplans entsprechen, engagieren sich aber nicht mehr für Schüler, die eine besondere Hilfe nötig hätten. Ihre aufgebaute Rollendistanz und beschränkte Rollenidentifikation führt meist nicht zur Rollenaufgabe, nur zu einem eingeschränkten Mindestmaß der Pflichterfüllung.

Nach Bellebaum gibt es auch so etwas wie eine „positionsbejahende Rollendistanz“[139]. Dies ist dann der Fall, „wenn die betreffenden Menschen keine Rollenaufgabe erwägen und sie wegen ihrer in einer Distanzhaltung wurzelnden Einstellungen, Äußerungen und Handlungen nicht negativ sanktioniert werden“[140].

D.h. man erfüllt zwar im Großen und Ganzen die Rollenerwartungen, weicht aber manchmal oder in bestimmten Punkten davon ab, jedoch nicht, weil man sich von der Rolle an sich distanzieren möchte.

So kann ein Polizist, der einen Autofahrer wegen Geschwindigkeitsübertretung angehalten hat, diesen ohne Bestrafung davonkommen lassen und nicht sein Rollenbild als Polizist in Frage stellen, wenn er erfährt, dass der Fahrer im Begriff ist, seine hochschwangere Frau ins Krankenhaus zu fahren.

Oder ein Arzt kann einem älteren, sehr kranken Menschen ein Glas Rotwein und das Rauchen erlauben, damit er noch ein wenig Lebensqualität bewahrt, obwohl dies aus medizinischer Sicht für ihn schädlich ist. Auch hier weicht der Arzt kurzfristig und punktuell von seiner Rolle als guter, korrekter Arzt ab, dem das (körperliche) Wohl des Patienten am Herzen liegt. Seine Berufsrolle im Gesamten betrachtet will und wird er damit aber sicherlich nicht gefährden.

Beide Beispiele zeigen: Man kann in bestimmten Positionen auch von strengen Rollenvorgaben abweichen, ohne die Rolle an sich in Frage zu stellen. Ganz im Gegenteil, man zeigt mit dieser Abweichung sogar, dass man die Rolle „bejaht“ und individuell nach bestem Wissen und Gewissen besser gestalten will.

Andererseits kann es natürlich auch passieren, dass man eine Rolle überstrapaziert und zu sehr ausdehnt. Eine dominante Rolle kann andere Rollen überverhältnismäßig überlappen und beherrschen. Besonders Berufsrollen reichen oft auch in den privaten Bereich hinein.

Lehrer beispielsweise, die schon lange in ihrem Beruf tätig sind, geben sich oft auch in anderen Bereichen (in der Familie, im Freundes-/Bekanntenkreis, beim Einkaufen usw.) „schulmeisterhaft“ (und fallen damit nicht selten den Menschen in ihrem sozialen Umfeld auf die Nerven). Sie „belehren“ dann jeden in den unterschiedlichsten Situationen, weil sie sich so sehr mit ihrer Lehrerrolle identifizieren, dass sie diese Rolle nicht mehr „abstreifen“ können. Die Lehrerrolle beherrscht dann in ihren Grundzügen alle anderen Rollen (z.B. die Rolle des Vaters, des Freundes, des Nachbarn, des Kunden etc.).

139 Bellebaum, Alfred: Soziales Handeln und soziale Normen, S. 97.

140 Ebenda, S. 97.

Auch bei (Theater-)Schauspielern oder (Opern-)Sängern, die viele Jahre oder gar Jahrzehnte auf der Bühne stehen, kann man sehr oft beobachten, dass sie sich selbst in ganz privaten Situationen sehr „theatralisch“ verhalten (was mitunter sehr grotesk wirken kann). Auch sie nehmen ihr Rollenverhalten, das sie glänzend zu spielen gelernt haben, mit hinüber in andere Bereiche.

Zusammenfassend kann man sagen: Je mehr man sich mit einem bestimmten Rollenbild identifiziert, desto stärker wirkt sich diese Rolle auf unsere Persönlichkeit aus. Oder wie Gerhardt dies formuliert:

> „Die partikularen Rollen bleiben freilich Ebenen der Individuation, Elemente des Selbstbildes und damit Momente der Verwirklichung personaler Identität.“[141]

Manche partikulare Rolle ist jedoch vorherrschend und prägt das Selbstbild und die Identität stärker als andere Rollen.

Letztendlich muss jeder jedoch für sich selbst entscheiden, welcher Rolle er den Vorzug vor anderen gibt – und welche Rolle er dann im „Gesamtbild“, d.h. im Leben spielen will.

141 Gerhardt, Uta: Rollenanalyse als kritische Soziologie, S. 107.

8 WANDEL UND VERLUST SOZIALER NORMEN IN DER MODERNE

Gesellschaftliche Veränderungen bewirken auch immer einen Wandel sozialer Normen. Werte, Einstellungen und Verhaltensweisen ändern sich im Laufe der Zeit immer wieder und benötigen dann auch andere Normen zur Verhaltensregulierung. Traditionen verlieren beispielsweise an Bedeutung, oder gehen manchmal ganz verloren.

Der gesellschaftliche Wandel schreitet Tag für Tag fort, im Kleinen, im Großen, manchmal unmerklich und doch kontinuierlich. Soziale Normen müssen sich daher immer wieder an die veränderten gesellschaftlichen Verhältnisse anpassen, sie wandeln sich – oder gehen ganz unter und machen Platz für neue Normen, die die aktuellen sozialen Gegebenheiten besser regulieren können.

Dieser Wandel oder Verlust sozialer Normen geschieht in der Regel nicht von heute auf morgen, zumindest nicht in großem Stil und in einem Gesellschaft übergreifenden Umfang. Die Veränderung, Anpassung oder der Untergang fester und überlieferter sozialer Normen benötigt ausreichend viele – oder zumindest genügend einflussreiche – Personen, die sich von den tradierten Werten und Verhaltensweisen deutlich distanzieren.

Egal ob es sich um verbindliche Rechtsnormen handelt, die vom Gesetzgeber geändert wurden, weil sie nicht mehr zeitgemäß sind, d.h. gesellschaftlichen Einstellungen und Verhaltensweisen nicht mehr gerecht werden (etwa die Entkriminalisierung der homosexuellen Beziehungen unter Erwachsenen oder die Abschaffung des Schuldparagrafen bei Ehescheidungen in den 70er-Jahren), oder ob es sich um eher unbedeutende, alltägliche Verhaltensnormen handelt (etwa das saloppe Grüßen mit „Hallo“, das das steife „Guten Tag“ ersetzt hat) – soziale Normen wandeln sich fortlaufend.

Beim Normwandel spielt das normabweichende Verhalten eine bedeutende Rolle, wie an anderer Stelle schon erwähnt wurde. Wird eine Norm vielfach und immer wieder gebrochen, wird sie meist früher oder später ganz ihre Bedeutung verlieren und modifiziert werden und/oder durch eine andere Norm ersetzt werden.

Jedoch gibt es andererseits auch Normen, die zwar ständig von irgendjemandem missachtet und gebrochen werden, trotzdem aber nicht vom Untergang bedroht sind. Hierbei handelt es sich vor allem um Normen, die so zu sagen die „Grundpfeiler" des sozialen Miteinanders darstellen, d.h. von zentraler gesellschaftlicher Bedeutung sind.

So werden etwa die (straf-)gesetzlich geregelten Normen des alltäglichen Lebens zwar immerzu gebrochen (und in den meisten Fällen auch strafrechtlich sanktioniert), aber verlieren dennoch nicht an (gesellschaftlicher) Bedeutung. Soziale Normen etwa, die die Tatbestände des Mordes, der Körperverletzung, des Diebstahl oder des Betrugs regeln, werden, egal wie oft sie gebrochen werden, sicherlich nicht einen Wandel oder gar einen Verlust erfahren. Gleiches gilt sicherlich für Normen, die die Grundrechte (wie Freiheit und Gleichheit) unterstützend regeln (zumindest in demokratisch ausgerichteten Gesellschaften).

Aber auch andere soziale Normen, die zwar nicht gesetzlich fixiert sind, aber dennoch zentrale gesellschaftliche Werte demonstrieren (wie Loyalität, Mitgefühl und Hilfsbereitschaft) werden (hoffentlich) niemals ganz dem Untergang geweiht sein, auch wenn sie (leider) tagtäglich und vielfach auf die eine oder andere Art missachtet und gebrochen werden.

Doch schauen wir einmal weiter und in einem großen Maßstab geschichtlich zurück. Welche gesellschaftlichen Normen haben sich grundlegend und gesellschaftlich bedeutsam geändert?

Ob wir in der Moderne oder schon in der Postmoderne leben, darüber wurde vielfach gestritten. Doch dieses Problem sollte an dieser Stelle nicht relevant sein. Wichtig ist, dass sich vor vielen Jahrzehnten (und über Jahrzehnte hinweg) ein grundlegender gesellschaftlicher Wandel vollzogen hat, der zu weitreichenden gesellschaftlichen Konsequenzen – und damit auch zu einem Wandel sozialer Normen – geführt hat.

Mit dem Anbeginn der Moderne ging Zug um Zug die traditionelle Ordnung verloren, es begann eine Zeit der Diskontinuität, der Unsicherheit und des Wandels gesellschaftlicher Regeln. Diskontinuitäten gab es in der geschichtlichen Vergangenheit immer wieder. Doch noch nie kam es zu einem solch starken gesellschaftlichen Umbruch und Wandel wie im Übergang zur Moderne. Während in vormodernen Zeiten vor allem die Traditionen das soziale Leben prägten, ist es in der Moderne nun die Rationalisierung, die von zentraler Bedeutung ist.

In den modernen Gesellschaften spielt die Tradition eine immer geringere Rolle, d.h. die Routine im Alltag steht immer weniger in einem inneren Zusammenhang mit der Vergangenheit. Das, was man früher getan hat und außer Frage stand, verliert immer mehr an Bedeutung. Traditionen werden nicht mehr unreflektiert übernommen, sondern werden vielfach in Frage gestellt. Was früher als selbstverständlich und richtig galt, verliert nun seine innere Sinnhaftigkeit.

Die Vernunft steht nun immer mehr im Vordergrund, Wissen wird mit „Gewissheit" gleichgesetzt, wobei Gewissheit eine ganz andere Dimension erfährt. Gewissheit ist nicht mehr religiös fundiert, sondern wird anhand rationaler Aspekte definiert. An die Stelle einer göttlichen Gewissheit tritt nun eine Gewissheit, die anhand der Vernunft und Erfahrung ihren Glauben erlangt, oder wie es Anthony Giddens formuliert: In der Moderne wurde „die Vorsehung Gottes von der Vorsehung des Fortschritts abgelöst"[142].

Doch wie sah dies im Einzelnen aus?

In vormodernen Zeiten stand die lokale Gemeinschaft im Vordergrund. Sie war Angelpunkt, soziale Orientierungshilfe und bestimmte das Sein des Menschen im seiner alltäglichen Welterfahrung.

Der Großteil der Menschen war in früheren Jahrhunderten relativ isoliert und immobil. Die Dorfgemeinschaft oder das nähere räumliche soziale Umfeld bildete das Zentrum des gesellschaftlichen Lebens, bestimmte das Dasein und prägte den Menschen als solchen. Im Vergleich zu den heutigen Gesellschaftsformen war es ein eher enges, unfreies Leben. Der Einzelne war nicht selten einem erheblichen sozialen Druck ausgesetzt, musste in vorgefertigten, festen, traditionellen Strukturen agieren.

Und doch bot dieses Leben andererseits auch Sicherheit in einer fundamentalen Art und Weise. Die sozialen Beziehungen waren durch die geringe Mobilität und lokale Gebundenheit (aufgrund der fehlenden modernen Verkehrsmittel) fester und enger, konnten nicht so leicht aufgelöst werden. Verwandtschaftliche, freundschaftliche, intime und nachbarschaftliche Beziehungen stellten zuverlässige soziale Verbindungen dar, in die man fest und über einen langen Zeitraum hinweg eingebunden war.

142 Giddens, Anthony: Konsequenzen der Moderne, S. 66.

Durch die geringe räumliche Ausdehnung und die zeitliche Festigkeit der sozialen Beziehungen konnte der Mensch eine ontologische Sicherheit gewinnen, die in diesem Maße heute kaum mehr möglich ist.

Natürlich darf man hier nicht in eine zu verklärte und romantische Anschauung verfallen. In vormodernen Zeiten gab es eine Vielzahl an anders gelagerten existentiellen Unsicherheiten. Kriege, Krankheiten, fehlende oder schlechte ärztliche Versorgung, Naturkatastrophen, Missernten, die Tag für Tag das nackte Überleben in Frage stellten, waren nur einige Gefahren, denen die Menschen in der Vormoderne ausgesetzt waren und die tagtäglich ihre Existenz bedrohten. Und doch blieb bei all diesen Gefahren eine bestimmte Konstante erhalten: Zuverlässige soziale Interaktionen in einem festen raum-zeitlichen Rahmen. Man war im Alltag an einen festen Ort gebunden, hatte mit wenigen und den immer gleichen Menschen Kontakt. Die Sozialbeziehungen waren durch soziale Normen geregelt, die über Generationen hinweg erhalten blieben und außer Frage standen. Ein sehr stabiles soziales Netz entstand und schenkte Sicherheit in einer unsicheren Welt.

Die engen verwandtschaftlichen Beziehungen und die lokale Gemeinschaft schufen ein Milieu des Vertrauens, in dem man sicher agieren konnte. Denn lebt man über viele Jahre und Jahrzehnte hinweg mit den gleichen (wenigen) Menschen auf einem begrenzten Raum, weiß man deren Handlungen relativ gut und sicher einzuschätzen und kann danach sein eigenes Handeln richten. Dies führte zu Vertrauen und sozialer Sicherheit, zumal die Bindungen und Beziehungen durch feste, allgemein anerkannte Regeln und Normen strukturiert waren und somit wenig Spielraum für Unsicherheiten und Misstrauen ließen.

Eine überaus wichtige Rolle spielte hierbei auch die Religion. Natürlich können religiöse Überzeugungen auch in gewisser Hinsicht zu extremen Ängsten führen (man denke hier etwa an die Angst vor der Rache Gottes, dem Teufel etc.), im Allgemeinen bietet eine religiöse Kosmologie jedoch den Rahmen für eine fundamentale Seinssicherheit. Das persönliche und soziale Leben kann mit Hilfe einer religiösen Interpretation für den Einzelnen erklärbar, strukturiert und verlässlich werden. Vertrauen in einen Gott bedeutet auch Vertrauen in ein (zumindest teilweise) verstehbares Leben.

Religiöse Überzeugungen boten früher den Menschen wichtige Parameter zur Interpretation und Erklärung wichtiger Ereignisse (z.B. Naturphänomene oder persönliche Schicksalsschläge), gestalteten und strukturierten ihre moralischen Grundsätze (z.B. über die zehn Gebote) und beeinflussten nicht unwesentlich ihr praktisches Leben (über religiöse Riten u.a.). Und was für uns an dieser Stelle von besonderer Wichtigkeit ist: Sie waren die Basis für sehr viele, stabile und grundlegende soziale Normen.

Religiöse Vorstellungen dienten nicht nur als Interpretationshilfe, um die Welt (besser) zu verstehen. Gleichzeitig waren sie darüber hinaus auch ein probates Mittel, um soziale Beziehungen zu strukturieren und zu regulieren.

Gemeinsam geteilte religiöse Auffassungen, die per se bei jedem vorausgesetzt werden konnten, erleichterten das soziale Miteinander. Jeder sah und deutete die Welt mithilfe derselben religiös fundierten Schablone. Das soziale Handeln, das Agieren und Reagieren der anderen wurde somit voraussehbar und folgte einem zuverlässigen Handlungsmuster.

Es entstand ein fester, gesellschaftlicher Rahmen, innerhalb dessen sich nicht nur eine Vielzahl von Situationen und Ereignisse erklären ließ, sondern mit dessen Hilfe sich auch im täglichen sozialen Miteinander ein Gefühl der Zuverlässigkeit, Sicherheit und des Vertrauens bilden konnte, aus dem einfachen Grunde heraus, weil Reaktionen dadurch erwartbar und vorhersehbar wurden. Die gemeinsam geteilte religiöse, rituelle Praxis der Menschen des näheren sozialen Umfeldes war nicht nur Ausdruck einer Gemeinschaft, sondern auch ein Zeichen der Vertrauenswürdigkeit.

Ein weiterer wichtiger Faktor des vormodernen gesellschaftlichen Lebens war, wie bereits erwähnt wurde, der der Tradition. Traditionen strukturieren die Gegenwart durch einen Rückbezug zur Vergangenheit. (Religiöse und weltliche) Überzeugungen und Praktiken, die sich aufgrund fester Traditionen wiederholen und über einen längeren Zeitraum ihre Konstanz bewahren, gestalten über einen Vergangenheitsbezug die Gegenwart und Zukunft.

Über Traditionen werden bestimmte soziale Praktiken zur Routine, zu etwas fraglos Grundlegendem, sie sorgen somit im sozialen Leben für Kontinuität und Sicherheit, bieten vielfach gar Halt und Trost in von Unsicherheit geprägten Kontexten.

Oft reicht schon die Erkenntnis, dass etwas „schon immer so gemacht wurde", damit bestimmte Handlungen ihren (vermeintlichen) Sinn bewahren. Und selbst wenn bestimmte Traditionen ursprünglich wenig sinnbehaftet waren und über Generationen hinweg unreflektiert übernommen worden sind, so sind sie dennoch in einer Hinsicht sehr wichtig: Sie strukturieren das soziale Leben wie von selbst, ohne Aufwand, ohne Überlegung. Dies mag Anlass zur Kritik erlauben, aber seien wir einmal ehrlich: Wie kompliziert wäre ein (soziales) Leben ohne routinemäßige, fraglos hingenommene Praktiken?

Traditionen hatten in vormodernen Zeiten zweifellos vielfach etwas Zwanghaftes an sich – andererseits erleichterten sie die sozialen Beziehungskontexte auf eine nicht zu unterschätzende Art und Weise: schufen sie doch Vertrauen, Sicherheit und Routine.

In der Moderne kam es zu einem Wandel, der all diese Grundfeste erschütterte. Durch die modernen Verkehrsmittel, die Landflucht und die Verstädterung verloren die sozialen Beziehungen an Kontinuität. Raum und Zeit waren nun Dimensionen, die auflösbar und variabel wurden. Verwandtschaftsbeziehungen waren zwar für einen Großteil der Bevölkerung weiterhin wichtig und blieben vor allem innerhalb der Kernfamilie von zentraler Bedeutung, jedoch waren sie nicht mehr primär ein Garant fester (inniger) sozialer Bindungen, sondern konnten aufgelöst und ersetzt werden.

Wer wollte, konnte nun seinen eigenen Weg gehen. Zwar war dies oft ein steiniger Weg, aber es bestand nun die Möglichkeit, sich von festgefahrenen, traditionellen Strukturen zu lösen, sich räumlich und emotional von Verwandtschaftsbindungen und alt hergebrachten Pflichten und Vorschriften zu lösen. Persönliche, freundschaftliche und intim-sexuelle Beziehungen, die frei wählbar wurden, gewannen an Bedeutung. Die Welt wurde für den Einzelnen nun größer, aber auch unüberschaubarer.

Der Beginn der Säkularisierung zog natürlich nicht einen völligen Verzicht auf religiöses Denken und Handeln nach sich, jedoch war es der Anfang einer sukzessiven reflexiven Denkweise. In den meisten alltäglichen Situationen des vormodernen Lebens hatte die Religion einen entscheidenden Einfluss. Religion und Traditionen bestimmten das menschliche Tun, erlaubten kein Hinterfragen.

In der Moderne dagegen wurden die empirische Beobachtung und das logische Denken immer mehr zum Instrument der Weltinterpretation, sowohl im Großen und als auch im Kleinen. Der göttliche Einfluss und die Vergangenheitsorientierung traten angesichts des Fortschritts und des gesellschaftlichen Wandels immer mehr in den Hintergrund. Religiös fundierte, tradierte Werte verloren an Bedeutung, machten Platz für ein (wirtschaftliches und wissenschaftliches) Fortschrittsdenken. Raum- und Zeitdimensionen lösen sich auf.

Wer sich innerhalb von ein paar Stunden mit einem Flugzeug nicht nur in einem anderen Land, sondern gar auf einem anderen Kontinent befinden kann, wer über das Internet in Sekundenschnelle weltweit mit anderen kommunizieren kann, wer mit Hilfe der Gentechnik Schöpfer spielen kann, der löst sich nicht nur von engen sozialen Kontexten, sondern der löst sich auch von jahrhundertealten Werten, Vorstellungen und Vorgaben.

In der Moderne kam es nach Giddens zu einer „Trennung von Raum und Zeit“[143] und zu einer „Entbettung (disembedding) der sozialen Systeme“[144].

Was ist damit im Einzelnen gemeint?

In der Moderne vollzog sich eine radikale Umgestaltung von Raum und Zeit, ihre innere Verbindung löste sich, die Zeit war nun nicht mehr an einen Ort gebunden. Bestimmte Tätigkeiten und das soziale Agieren waren nicht mehr auf einen bestimmten Ort fixiert, sondern wurden teilweise auch von weit entfernten Schauplätzen und Menschen mitgestaltet und evtl. auch nachhaltig geprägt.

Das persönliche und gesellschaftliche Leben war jetzt kein lokal, sondern ein global gestaltetes Sein. Weltweite politische und wirtschaftliche Einflüsse prägen unser Leben in der modernen Gesellschaft, beeinflussen uns, losgelöst von festen zeit-räumlichen Strukturen.

Alles steht in einem globalen Zusammenhang: unsere Ernährung, der Wert unserer Währung, der Fortbestand unseres Arbeitsverhältnisses, die Umweltbelastung und Gesundheit, Frieden und Sicherheit.

Kurz gesagt: Unser ganzes Leben wird von weltweiten Einflüssen strukturiert und zu einem großen Teil mitbestimmt.

Die globale wechselseitige Abhängigkeit ist nicht nur wirtschaftlich (etwa innerhalb der EU) sehr deutlich spür- und erkennbar, auch alle anderen Bereiche des Lebens sind davon betroffen. Atomare Gefahren existieren über Ländergrenzen hinweg. Wissenschaftliche Erkenntnisse helfen Menschen weltweit. Die Rodung der Regenwälder und der CO2-Ausstoß bestimmter großer Industrienationen (etwa der USA oder China) sind keine lokal begrenzten Probleme, sondern beeinflussen das Klima und das Leben der Menschen weltweit.

Aber auch die Zeitdimensionen verlieren an Bedeutung. Die Vergangenheit wird vielfach bedeutungslos, die Fortschritte und Entwicklungen folgen einer radikalen dynamischen Entwicklung, die in vormodernen Zeiten so nicht vorstellbar gewesen wäre.

Würde heute ein Häftling nach 20 Jahren Gefängnis ohne Freigang und Sozialkontakt plötzlich in unsere heutige Gesellschaft entlassen werden, hätte er größte Probleme, sich darin zurechtzufinden.

Zeit und Raum wurden radikalisiert. Alles ist nur noch „vorläufig“, d.h. einer dynamischen Entwicklung und einem radikalen Wandel un-

143 Giddens, Anthony: Konsequenzen der Moderne, S. 28.

144 Ebenda, S. 28.

terworfen. Was gestern noch dem neuesten Stand der Wissenschaft entsprochen hatte oder was als „ultramodern“ gegolten hatte, ist heute vielfach schon überholt.

Auch die lokale Grenzen lösten sich auf. Dank moderner Medien ist oftmals eine physische Anwesenheit nicht mehr notwendig und das soziale Handeln findet nun unter einem weltumfassenden Rahmen statt.

Die radikale Geschwindigkeit und die extreme Reichweite des Wandels beeinflussten zunehmend unseren Alltag, am deutlichsten ist dies anhand der technischen Entwicklung erkennbar. Computer oder Handys, die vor zwei Jahren noch als Novum galten, ringen Experten (und vielen technisch interessierten Laien) heute nur noch ein müdes Lächeln ab. Doch was für uns an dieser Stelle von besonderer Bedeutung ist: Die räumliche Abstandsvergrößerung und die Verschiebung der Zeitdimensionen hatte auch tief greifende Konsequenzen auf die sozialen Beziehungen. Eine nahezu unbegrenzte Raumausdehnung und die zunehmende zeitliche Radikalisierung erforderten nicht nur eine neue Art des Vertrauens, sondern auch die Entstehung vollkommen neuer sozialer Normen.

Die vormodernen sozialen Beziehungen waren lokal fundierte gesellschaftliche Bindungen. Das Agieren und Kommunizieren in einem vertrauten Milieu mit (gut) bekannten Personen ließ sehr leicht eine Sphäre der Vertrautheit und des Vertrauens entstehen.

Moderne soziale Beziehungen dagegen sind von einer ganz anderen Qualität, denn jetzt sind die Menschen im Alltag in vielen Situationen gezwungen, mit fremden oder nur flüchtig bekannten Personen gesellschaftlich, beruflich und persönlich in Kontakt zu treten und eine soziale Beziehung oder Bindung zu strukturieren.

Die „gesichtsabhängigen Bindungen“[145] (wie Giddens dies bezeichnet) der Vormoderne, die innerhalb von festen sozialen Zusammenhängen stattfanden und eine gemeinsame Anwesenheit voraussetzen, wurden in der Moderne immer mehr durch „gesichtsunabhängige Bindungen“[146] ersetzt, die eine Interaktion auch über weite räumliche Abstände ohne gemeinsame physische Nähe erlaubten.

Schon dies allein erforderte ein neues Maß an Vertrauen, um mit einer ausreichenden Sicherheit agieren zu können. Erschwerend kam jedoch hinzu, dass sich dieses Vertrauen nicht nur auf räumlich abwesende Personen beziehen musste, sondern auch auf symbolische Zeichen und abstrakte Systeme.

---

145 Giddens, Anthony: Konsequenzen der Moderne, S. 103.

146 Ebenda, S. 103.

Während in der Vormoderne die Tauschgesellschaft eine räumlich und zeitlich nahe face-to-face-Beziehung unter den Menschen konsolidierte, wurde in der Moderne das Geld (nach Giddens) zu einem „Mittel der raumzeitlichen Abstandsvergrößerung"[147].

Der schwierige Tausch teilweise verderblicher Waren konnte nun durch das Geld als ein Medium des Aufschubs ersetzt werden. Ein unmittelbarer Produktaustausch war nicht mehr nötig. Das Geld wirkte sozusagen als Kredit, erlaubte einen zeitlichen Aufschub und eine räumliche Abstandsvergrößerung.

Gleichzeitig wurden die ökonomischen Transaktionen aber auch unpersönlicher, da der Besitz nun nicht mehr unmittelbar mit einer bestimmten Person in Zusammenhang stand, sondern Besitz und Besitzer auch weit voneinander in Entfernung treten konnten.

Das Geld schuf „die Voraussetzungen für die Durchführung von Transaktionen zwischen Akteuren, die in Raum und Zeit weit voneinander entfernt sind"[148], wie Giddens bemerkt.

Lokal und zeitlich nicht mehr gebunden, machte das Geld vielfältigere und weit verstreute Austauschaktionen möglich, was jedoch teilweise zu nicht unerheblichen sozialen Kommunikationsproblemen führen konnte.

Neue Kommunikations- und Transaktionsformen schufen neue Arten der Interaktion und erforderten ganz neue soziale Normen. Vor allem wurde im gesellschaftlichen Umgang ein erhebliches Maß an Vertrauen erforderlich.

Zunächst bestand das Geld aus Silber- oder Goldmünzen, die einen Eigenwert besaßen. Mit der Einführung von minderwertigen Münzen wurde schließlich ein Wert in Umlauf gebracht, der im Grunde wertlos war.

Eine ganz neue Form des Vertrauens wurde dadurch erforderlich: ein abstraktes Vertrauen. Der Mensch war nun gezwungen, darauf zu vertrauen, dass eine Münze, die vom Materialwert her gesehen nur wenig Wert besaß, als Tauschmedium funktionierte, d.h. dass man tatsächlich mit dieser Münze etwas kaufen konnte, das den allgemeinen, gesellschaftlich fest gesetzten (höheren) Wert besaß.

Durch die Einführung des Papiergeldes wurde diese Situation noch heikler. Mit einer Banknote halten wir ein kleines Stück wertloses Papier in den Händen, das nur und ausschließlich einen Wert besitzt, weil bestimmte Zahlen darauf gedruckt sind und man sich gesellschaftlich da-

147 Giddens, Anthony: Konsequenzen der Moderne, S. 37.

148 Ebenda, S. 37.

rauf geeinigt hat, dass dieses Papier aufgrund dieser Zahlen einen (teilweise immensen) Tauschwert besitzt. Inflationen zeigten, wie schnell sich dies ändern konnte und ein wertloses, künstlich überbewertetes Medium seine eigentliche Wertlosigkeit wiedererlangte.

Der Mensch ist somit gezwungen, darauf zu vertrauen, dass ein im Grunde wertloses Objekt einen Wert hat, den es eigentlich nicht hat.

Ein ähnlich abstraktes, nahezu blindes Vertrauen erfordert in der Moderne das Expertenwesen.

Wenn wir eine Brücke überqueren, müssen wir auf das Expertenwissen und die korrekte Arbeit der Konstrukteure und Bauleiter vertrauen und darauf hoffen, dass sie nicht einstürzt. Wenn wir in einem bestimmten Haus leben oder in einem Gebäude arbeiten, sind wir gezwungen, darauf zu vertrauen, dass der Architekt und die Bauarbeiter ihre Arbeit gewissenhaft ausgeführt haben und dieses Haus/Gebäude stabil ist und auch Belastungen (wie Stürme, Erbeben etc.) standhalten kann. Brauchen wir die Hilfe eines Arztes, Zahnarztes, Anwalts oder eines Computerspezialisten, müssen wir auch hier einem abstrakten Expertenwissen vertrauen, dass wir entweder gar nicht oder nur ansatzweise einsehen können.

Kurzum: In der modernen, hochgradig arbeitsteiligen Gesellschaft, in der jeder einen sehr speziellen Arbeitsbereich bedient, sind die „Laien" tagtäglich darauf angewiesen ein gewisses Maß an Vertrauen aufzubringen, weil alltägliche Abläufe in der Hand vielzähliger Spezialisten liegen. Dieses Vertrauen ist insofern besonders und „abstrakt", weil es nicht die einzelne Person an sich betrifft, der wir vertrauen müssen (und die wir in aller Regel auch nicht näher oder gar nicht kennen), sondern ihrem Wissen.

Natürlich vertrauen wir einem sympathischen Arzt, Anwalt, Bankangestellten oder Kfz-Mechatroniker eher, als einer uns unsympathischen Person. Letztendlich bezieht sich unser Vertrauen jedoch nicht auf diese Personen im Ganzen, sondern vorrangig auf ihr Expertenwissen, das wir nicht überblicken können, weil es ganz spezielle Kenntnisse erfordert, über die wir nicht verfügen (können).

Im Alltag der Moderne begegnen uns zahlreiche Risiken und Unsicherheiten. So müssten wir uns eigentlich jeden Tag eine Vielzahl von Vertrauensfragen stellen. Beispielsweise:

Funktionieren die Bremsen meines Autos richtig (d.h. hat der Kfz-Mechatroniker bei der letzten Autoreparatur alles richtig gemacht)?

Ist das Fertiggericht, das ich mir am Abend in der Mikrowelle warm mache, auch nicht verdorben oder gesundheitsschädlich (funktioniert in der

Lebensmittelfabrik alles richtig)? Gibt es in meiner Wohnung auch keine Gasexplosion (wurde die Gasheizung vom Schornsteinfeger korrekt überprüft)? Ist das Leitungswasser, mit dem ich meinen Kaffee koche, auch wirklich rein und sauber (d.h. arbeiten im Wasserwerk alle Maschinen und Experten zuverlässig)?

Diese und andere Fragen stellen wir uns (wenn überhaupt) meist nur unterbewusst, weil wir auf die Zuverlässigkeit unzähliger Experten im Alltag (blindlings) vertrauen. Und im Grunde bleibt uns auch gar nichts anderes übrig, als blind darauf zu vertrauen, dass mithilfe eines fundierten Expertenwissens diese Risiken auf ein Minimum reduziert werden.

Während in der Vormoderne das Vertrauen auf Gott und auf Personen, die bekannt waren und als zuverlässig galten, die existentielle Sicherheit untermauerte, sind es heute vielfach abstrakte Formen des Glaubens und Vertrauens, die unseren Alltag strukturieren und regulieren.

Wir vertrauen hier, wie gesagt, nicht in erster Linie einer Person, sondern wir glauben an die Richtigkeit seines Expertenwissens, in das wir bestenfalls vage Teileinsichten, d.h. ein oberflächliches Laienwissen, haben.

Darüber hinaus gibt es in den modernen Gesellschaften jedoch noch abstraktere Formen des Vertrauens: Das Vertrauen in Systeme und Institutionen.

Wir müssen darauf vertrauen, dass das Bankwesen und die Geldwirtschaft funktionieren, dass das politische System integer ist, wirtschaftliche und wissenschaftliche Abläufe korrekt vonstattengehen, staatliche und private Institutionen (Ämter, Konzerne etc., deren „Hintermänner" uns nicht oder nicht ausreichend bekannt sind) tadellos arbeiten und auch ausreichend überprüft werden. All dies erfordert jedoch nicht nur eine neue Form des Vertrauens, sondern hat auch gesellschaftlich gesehen prägnante Konsequenzen.

Die vielfältigen Expertensysteme des Alltags und das Geld, das heute lediglich als „symbolisches Zeichen" existiert, lösen die sozialen Beziehungen aus ihren Kontexten, d.h. sie vergrößern die Raum-Zeit-Dimensionen und erfordern ein Vertrauen in abwesende (vielfach nicht bekannte) Personen und einen Glauben an nicht mehr einsehbare oder überblickbare Abläufe, Kenntnisse und Systeme.

Die Sozialbeziehungen werden oberflächlicher, instabiler, vorläufiger, und wir sind gezwungen, innerhalb großer (nicht mehr überschaubarer) Systeme zu agieren.

Wie kann das gelingen?

Wenn selbst Wirtschaftsexperten die wirtschaftlichen Entwicklungen nicht mehr sicher prognostizieren können, wie kann der Durchschnittsbürger dann in diesem System vertrauensvoll leben und handeln?

Und was uns hier an dieser Stelle besonders interessiert:

Mit Hilfe welcher Regeln und Normen kann der Einzelne in dieser modernen, abstrakt und unpersönlich gewordenen Gesellschaft gesellschaftlich handeln und existieren?

Schauen wir zur Beantwortung dieser Frage noch einmal geschichtlich zurück. Durch den Verlust der traditionellen und religiösen Werte, Vorstellungen und Praktiken gingen in der Moderne auch viele Normen unter. Soziale Normen, die die religiösen Riten und traditionellen Bräuche festigten und das (Dorf-) Leben einer kleinen, überschaubaren Gemeinschaft regulierten, wurden zunehmend unbedeutender, wandelten sich oder gingen ganz verloren.

Vormoderne Agrarzivilisationen besaßen zudem eine Reihe von Normen, die sich an den Naturzuständen (Wetter, Jahreszeiten) etc. orientierten und bestimmte Praktiken und Handlungsweisen vorschrieben, die sich im landwirtschaftlich geprägten Alltag als sinnvoll erwiesen haben.

Die gesellschaftliche Ordnung war ein übersichtliches Reglement, das sich auf wenige wichtige Punkte im Leben bezog: Landwirtschaft, Jagd, Regulierung der Verwandtschaftsbeziehungen, Praktiken in der Dorfgemeinschaft.

Ein enger Kreis vertrauter Personen schuf ein (handlungs-) sicheres Milieu, das sich gegen Fremde und Außenstehende scharf abgrenzte und zu verschließen versuchte. Eine nicht bekannte Person, ein Fremder, bedeutete eine potentielle Gefahr, da man ihn nicht einzuschätzen wusste.

Soziale Normen, die sich auf gemeinsam geteilte Auffassungen, Vorstellungen und Werte bezogen, konnten innerhalb der engen Sozialgemeinschaft als sicher vorausgesetzt werden, bei fremden Personen jedoch nicht. Somit war jeder Unbekannte ein Unsicherheitsfaktor, dem man mit einem großen Maß an Misstrauen begegnete.

Durch die räumliche und zeitliche Abstandsverschiebung in der Moderne kamen nun fremde Personen und unbekannte Situationen, die mitunter schwer einzuschätzen waren, mit ins Spiel, die über allgemein gültige Normen geregelt werden mussten.

Wie konnte dies gelingen, wenn der gemeinsam geteilte (traditionelle und/oder religiöse) Rahmen fehlte?

Normen als verbindliche Verhaltenserwartungen oder Verhaltensforderungen mussten sich nun auch auf unbekannte Personen, auf ein abstraktes Expertenwesen oder auf unpersönliche Systeme und Institutionen beziehen.

Konforme Erwartungen mussten auf ökonomische Art und Weise hergestellt werden, die auf soziale Übereinstimmungen im Erleben und Handeln beruhten.

Zudem musste gewährleistet sein, dass diese Erwartungen auch stabil sind, d.h. dass sich die Erwartungshaltungen und Handlungen der anderen (oft fremden) Personen mit einiger Sicherheit vorhersehen lassen, so dass sich eine Erwartungsstruktur bilden kann.

Diese stabile Übereinstimmung und feste Erwartungsstruktur entstehen normalerweise über eine wiederholte Interaktion und durch gemeinsam geteilte Wertvorstellungen.

In der Moderne ist beides oftmals nicht mehr gegeben, denn die Begegnungen und sozialen Interaktionen sind vielfach nur noch flüchtig, und gemeinsame Wertvorstellungen fehlen.

Doch welches Verhalten in einer bestimmten Situation als adäquat oder als inadäquat, als akzeptabel oder als inakzeptabel angesehen wird und mit welchen Sanktionen ein inadäquates/inakzeptables Verhalten belegt werden muss, kann nur über einen gesellschaftlichen Konsens, durch übereinstimmende Werturteile über ein bestimmtes Verhalten festgelegt werden.

So fragt man sich: Was passiert, wenn die Gesellschaft eine moderne, pluralistische, nicht mehr überschaubare und unsichere geworden ist, wenn die gemeinsame Wertgrundlage fehlt, nach der ein Verhalten eingestuft werden kann?

Die Bewertung eines Verhaltens ist immer auch eine Bewertung der handelnden Person. Über ihr Handeln kann die jeweilige Person (als zuverlässiger oder unzuverlässiger Interaktionspartner) gedeutet und eingeschätzt werden. Ihr Verhalten offenbart uns die Gedanken, Einstellungen und die Werte, die hinter ihrem Verhalten stehen.

Doch wie ist eine solche Einschätzung über größere Raum-Zeit-Dimensionen möglich?

Wie kann man „gesichtsunabhängige" soziale Beziehungen regulieren?

Wie sind globale und abstrakte Vorgänge normativ zu fassen?

Wie konnte in der Moderne eine neue gesellschaftliche Ordnung mit festen Sinngehalten und kollektiver Solidarität geschaffen werden?

Das Fehlen von verbindlich geltenden gemeinsamen Werten, Normen und Regeln, die sozusagen eo ipso gelten, muss nicht zwangsläufig zu einer totalen gesellschaftlichen Entstabilisierung führen. Dieser Zustand kann auch der Grundstein für Innovationen sein, wenngleich die Entstehung neuer Normen unter fehlenden festen Rahmenbedingungen (Religion und Tradition) sicher erschwert ist.

Worin könnte nun die Entstehung neuer Normen begründet sein?

Oder anders gefragt: Warum versank die moderne Gesellschaft nicht in ein unüberschaubares (Verhaltens-)Chaos?

Die Gründe sind in der Natur des Menschen selbst zu finden. Der Mensch ist ein soziales Wesen, das nur in einer Gesellschaft oder Gemeinschaft auf Dauer existieren kann. Er muss in einen sozialen Kreis eingebunden sein – und dieser kann nur im Rahmen einer normativen Ordnung zu zufriedenstellenden Interaktionen und schließlich zu mehr oder minder festen Vertrauensbeziehungen führen.

Das heißt: Das gesellschaftliche Leben und Handeln muss unter allen Umständen irgendwie durch neue Normen „institutionalisiert" sein, damit es trotz untergegangener alter Normen weiter fortgesetzt werden kann.

„Jeder Nomos wird immer wieder neu errichtet"[149] (wie Bellebaum schon feststellt), normfreie Gesellschaften sind genauso undenkbar wie gesellschaftsferne menschliche Existenzen vorstellbar wären.

Wo in einfachen, vormodernen Sozialverbänden die Religion und Tradition die normative Struktur vorgaben, ist es in der modernen, pluralistischen Gesellschaft vielfach die ökonomische Zweckgerichtetheit.

Die moderne Gesellschaft wird funktionsspezifisch organisiert. Die gesellschaftliche Handlungssicherheit basiert nun auf gemeinsam geteilten wirtschaftlichen Faktoren (Job, Konsum, Kommerz), aber auch auf ethischen Werten, die gesellschaftsübergreifend außer Frage stehen (Schutz von Leben und Gesundheit, Achtung vor Freiheit, Wahrung bestimmter Werte bezüglich der Familie, der Nächstenliebe und -hilfe, des fremden Eigentum etc.).

Der Umbruch und Verlust des traditionellen Wertesystems machte in der Moderne Platz für ein Wertesystem der Leistungs- und Kosumorientierung, jedoch gepaart mit zentralen sozialen Wertvorstellungen, die die Grundpfeiler der Gesellschaft und Humanität betreffen.

149 Bellebaum, Alfred: Soziales Handeln und soziale Normen, S. 139.

Bestimmte gesellschaftliche Werte, die die (Kern-)Familie, die gegenseitige Hilfe und Verbundenheit und die Solidarität mit bestimmten Personen betreffen, blieben weiterhin bestehen (wenngleich auch unter anderen Vorzeichen) und wurden durch bestimmte (teilweise neue) soziale Normen strukturiert und stabilisiert.

So kann man sagen: In der Moderne kam es zu keinem völligen Werte- und Normverlust, sondern zu einem Wertewandel und zu der Entstehung von neuen, den gesellschaftlichen Bedingungen angepassten Normen.

Traditionelle Werte wurden durch postmaterialistische Werte ersetzt. Die Werte Konsum, (berufliche und persönliche) Selbstverwirklichung, Wohlstand und Freizeitgestaltung gewannen in der Moderne immer mehr an Bedeutung und prägten die sozialen Normen bzw. bestimmten unser (gesellschaftliches) Leben. Der Mensch konnte sich zwar von den engen (normativen) Grenzen der Religion und Tradition weitestgehend befreien, musste dafür aber auch einen nicht unerheblichen Preis bezahlen.

Herausgelöst aus den alten Strukturen gewann der Mensch zwar zweifelsohne ein gewaltiges Maß an Freiheit, gleichzeitig ist dadurch aber auch seine Existenz unbestimmter und damit unsicherer geworden. Entbunden aus den vorstrukturierten, kollektiven Kontexten, das elementare Gottvertrauen verlierend und von traditionellen Ordnungen enthoben verlor der Mensch in der Moderne nicht nur sein (festes) normatives Gerüst, sondern auch die zentralen Elemente der Sinngebung.

Oder kurz gesagt: Der Mensch ist nun zwar frei, aber voller Zweifel. Pluralitäten und Instabilitäten erschweren in der modernen Gesellschaft sein Sein. Der Mensch sucht nun verzweifelt nach einer „heilen Welt" der (normativen) Ordnung, der Kollektivität und Solidarität – und letztendlich nach einer Sinngebung seiner persönlichen Existenz. Die Befreiung von traditionellen Vorstellungen und Werten hieß vielfach auch Entfremdung.

Zweifel, ontologische Unsicherheit und die massive Pluralisierung von Sinngehalten und Wertvorstellungen in der Moderne ließen ein Vakuum und die Sehnsucht nach einem übergeordneten Schutzschild einer gesellschaftlichen, normativen Ordnung und einer (wie auch immer gearteten) kollektiven Verbundenheit entstehen.

Doch wie ist dies unter modernen Bedingungen für den Einzelnen zu erreichen?

Manche arrangieren sich mit den Überresten traditioneller Strukturen, andere suchen ihr Heil in neuen religiösen Sinngehalten (etwa Sekten) oder bestimmten politischen Wertvorstellungen, wieder andere versuchen ihr Dasein mit (atheistischen) philosophischen Lehren zu strukturieren.

Wie dies auch immer aussehen mag – in der Moderne ist es immer ein persönlicher Weg, der in das Gesellschaftliche führt. Jedes Individuum muss in der modernen Gesellschaft selbst entscheiden, in welchem Teilabschnitt der Gesellschaft es sich zu Hause fühlt.

Persönlichkeitsentwicklung ist heutzutage auch eine Entscheidung darüber geworden, welche Gesellschaftsaspekte man teilt bzw. ablehnt. Für welche Religion man sich entscheidet (oder ob man Atheist ist), zu welcher politischen Richtung man tendiert (oder ob man ein völlig unpolitischer Mensch sein möchte), welchen Beruf man ergreift, welche Freunde oder welchen (Lebens-)Partner man wählt (und mit ihm auch immer ein bestimmtes soziales Umfeld, das sich durch seine Herkunftsfamilie, seinen Beruf und Lebensstandard bzw. seinen Freundeskreis ergibt), wie oder ob man sich sozial engagiert – all dies sind Optionen, die die Menschen in den traditionellen, vormodernen Gesellschaften entweder nicht oder zumindest nicht in diesem Maße kannten.

Festzuhalten bleibt: Der Wandel und/oder Verlust vieler Normen in der Moderne führte nicht zu einem (dauerhaften) Zustand der Anomie, denn der Mensch ist mit dem Drang geboren, in einer Gesellschaft bzw. engeren Gemeinschaft zu leben, da er außerhalb einer solchen zu vielen Gefahren ausgesetzt wäre, denen er als Einzelindividuum nichts entgegenzusetzen hätte.

Der Mensch braucht die Gesellschaft jedoch nicht nur um seine nackte Existenz zu sichern, sondern auch, um sein Leben mit Hilfe einer sinnhaften Ordnung strukturieren zu können.

Die starke menschliche Ur-Sehnsucht nach einem normativen Schutzschild, nach Kollektivität und Solidarität, nach irgendeiner Form der Geborgenheit und des Vertrauens, wird den meisten Menschen erst dann bewusst, wenn sie sich in einer Extremsituation befinden, etwa beim Tod eines nahen Angehörigen, bei schwerer Krankheit etc. Soziale Normen sind dabei deshalb so unerlässlich, weil sie den Weg zu einer sozialen Verklammerung ebnen, „klare Bahnen" vorgeben und die Interaktionen regulieren.

Die normativen Strukturen einer Gesellschaft sind ein wirksames Mittel, der Unüberschaubarkeit und dem Chaos zu begegnen, denen Menschen in sozialen Verbänden ausgesetzt sind.

Darüber hinaus verlangt der Mensch jedoch auch nach einem klar definierten, verbindlichen (überpersönlichen) Sinn. Ohne allgemein vorgegebene Sinnhaftigkeit wäre sein Leben unerträglich, denn er müsste ständig in der Ungewissheit leben, ob seine Vorstellung von der Realität vielleicht nur eine trügerische und falsche ist. D.h. ohne die Bestätigung durch andere könnte er weder sein Sein konstituieren, noch mit Sicherheit und Zuversicht leben. Wirklichkeit und Ich-Identität würden in Frage stehen – ein wahrhaft unerträglicher Zustand.

Durch soziale Normen, d.h. durch feste Regeln, die die Interaktionen und die Sinnhaftigkeit von Gesellschaften untermauern, erhält der Mensch jedoch nicht nur eine fundamentale Ordnung und Sicherheit, sondern auch einen moralischen Halt.

Kurz und bündig gesagt: Eine normative Gesellschaftsstruktur reguliert die Sozialbeziehungen, bewahrt den Menschen vor Orientierungslosigkeit und Seinsunsicherheit, fundiert seine Innen- und Außenwirklichkeit – und ist insofern eine der wichtigsten Funktionen von Gesellschaft überhaupt.

Doch was passiert (wie Bellebaum sicherlich zu Recht fragt), wenn „es keine inhaltlich definierbaren Sinnkonstruktionen und Überlieferungen mehr gibt, auf die alle verpflichtet und über die alle sich einig sind, dass man vielmehr in einer Pluralität der Wertvorstellungen sich miteinander einzurichten hat"[150]?

Mit der fortschreitenden Säkularisierung in der (post-)modernen Gesellschaft, den starken Pluralisierungstendenzen, den Sinn- und Werteverlusten und den damit verbundenen Identitätsproblemen entstand eine historisch völlig neue und gesellschaftlich sehr problematische Situation.

Was bedeutete dies für den einzelnen Menschen an sich?

Freiheit und Unsicherheit in einem nie gekannten Maße. Lassen wir das ganze Ausmaß dieser Problematik noch einmal Revue passieren:

Die sozialen Kontexte und Vertrauensbeziehungen wurden mit dem Anbeginn der Moderne immer abstrakter, mussten nun auch gesichtsunabhängig und global funktionieren – erforderten somit eine neue Strukturierung und damit auch eine neue Art sozialer Normen. Tauschgeschäfte und persönliche Beziehungen waren in der Vormoderne klar geregelt.

Doch wie sieht das Ganze aus, wenn man gezwungen ist, auf den Wert eines im Grunde wertlosen Geldscheins zu vertrauen?

Digitale Bankgeschäfte stellen noch eine Intensivierung dieser Verfremdung dar. Wir müssen darauf vertrauen, dass die Zahlen, die auf einem

150 Bellebaum, Alfred: Soziales Handeln und soziale Normen, S. 130.

Kontoauszug oder einem Display erscheinen, auch tatsächlich unseren Besitz darstellen. Doch sicher sein können wir nie – schon gar nicht auf längere Sicht und im Hinblick auf die derzeitigen weltwirtschaftlichen Entwicklungen.

Das Lokale verliert an Bedeutung, räumliche Dimensionen dehnen sich aus. Globale Ausdehnungen bringen jedoch auch Gefahren mit sich, allen voran die der Unüberschaubarkeit.

So können wir beispielsweise die Herkunft vieler Lebensmittel, die wir im Supermarkt erwerben, gar nicht (mehr genau) nachvollziehen. Wir sind also gezwungen, etwas zu essen, d.h. von etwas zu leben, deren genauen Bestandteile und exakte Herstellungsweise wir nicht kennen. Viele Waren und Produkte stammen heute aus China, d.h. aus einem Land, das ganz andere Qualitäts- und Bewertungsstandards hat.

Aber auch in anderen Bereichen sind wir gezwungen, innerhalb eines unüberschaubaren Rahmens zu agieren. Wer versteht schon die technische Grundlage eines Handys oder Smartphones, eines Computers, eines modernen Flachbildfernsehers, eines Navigationssystems? Und doch benutzen wir diese Geräte tagtäglich (scheinbar) wie selbstverständlich. Wir sind in der heutigen, stark technisch orientierten Welt geradezu gezwungen, uns ständig mit neuen technischen Geräten auseinanderzusetzen, von denen wir allenfalls ihre Bedienung begreifen können.

Auch die sozialen Beziehungen wurden mit diesen neuen technischen Medien immer abstrakter und unüberschaubarer. Neue Kommunikationsformen (E-Mail, SMS, Videokonferenzen) machen eine ganz neue Art der sozialen Orientierung und Strukturierung erforderlich, die ein gesellschaftliches Novum darstellen.

Aber auch die sozialen Beziehungen an sich haben sich gewandelt, ja wurden vielfach geradezu verfremdet. So haben wir heute beispielsweise (teilweise unzählige) so genannte Facebook-Freunde, die alles andere als wirkliche Freunde sind. Hier hat sich auf eine erschreckende Art und Weise der Begriff „Freund“ in ein im Grunde nichtssagendes Etwas verwandelt, dem wir aber trotzdem gerecht werden wollen bzw. müssen. Denn diese „Freunde“ üben teilweise (besonders auf Jugendliche) einen großen und nicht unerheblichen Einfluss (und Druck) aus und beeinflussen unser Leben, obwohl sie physisch nicht anwesend und uns im Grunde fremd sind.

Doch wie geht man mit diesen neuen, entfremdeten Formen des gesellschaftlichen Einflusses um?

Mithilfe welcher Normen sind soziale Beziehungen ohne physische Anwesenheit, ohne dass man den anderen „kennt" (beispielsweise bei Kontakten im Internet) zu regulieren und strukturieren?

Für diese universalhistorisch neue Form des gesellschaftlichen Lebens gibt es keine überlieferten Regeln, an denen man sich orientieren könnte.

Wie ist all dies für den Einzelnen zu bewältigen?

Kann unsere heutige Gesellschaft mit den diversen globalen Einflüssen und den abstrakt gewordenen Sozialbeziehungen überhaupt auf Dauer (ausreichend) regulierbar bleiben?

Mit diesen und anderen Fragen wollen wir uns in dem folgenden Kapitel näher beschäftigen.

9 WAS LEISTEN SOZIALE NORMEN IN UNSERER HEUTIGEN GESELLSCHAFT?

Wir leben heute in einer stark pluralistischen und multikulturellen Gesellschaft. Weltweites Agieren und Kommunizieren mag spannend und interessant erscheinen, doch wie kann man ein ausreichendes Maß an Handlungssicherheit erlangen, wenn ganz unterschiedliche Werte, Vorstellungen, Traditionen, Religionen, Sitten und Gebräuche aufeinandertreffen?

Ohne eine einheitliche normative Basis kann keine Gesellschaft existieren, auch keine globale. Soziales Handeln, egal in welcher Form, ob in kleinen Gruppierungen vor Ort oder durch weltweites digitales Interagieren, setzt immer ein Mindestmaß an normativer Regelung voraus, das Handlungssicherheit und -gewissheit gewährt.

In vormodernen Gesellschaften wurde der größte Teil der menschlichen Tätigkeiten durch tradierte und klar definierte Vorschriften geregelt. Die Mythologie und das Schicksal stellten wichtige Faktoren dar, mit denen sich die Welt erklären und bestimmen ließ. Man war allgemein der Auffassung, dass die Welt und das Leben eben so sei, wie es von Gott (oder den Göttern) bestimmt wurde. Dies ließ den Menschen zwar wenig Handlungs- und Gedankenfreiheit und nur geringe Wahlmöglichkeiten, andererseits war dadurch aber auch die Welt eo ipso strukturiert und überschaubar.

Mit Anbeginn der Modernität verlor diese Schicksalswelt immer mehr an Bedeutung, was zu einer immensen Komplizierung führte. Es kam zu einem ungeheuren Anstieg der Wahlmöglichkeiten von möglichen und gesellschaftlich auch akzeptierten Handlungsweisen in nahezu allen Lebensbereichen.

Auch die Arbeitsteilung, die sich in den modernen Gesellschaften immer mehr durchsetzen konnte, führte zu einer Vielzahl möglicher Entscheidungsvarianten.

Diese Pluralisierung und Multiplizierung der Wahlmöglichkeiten hatte jedoch nicht nur den Vorteil einer persönlichen und freien Lebensgestaltung, sie führte auch durch den damit einhergehenden Normverlust zu Orientierungs- und Handlungsunsicherheiten.

Der Mensch lebte nun in einer Welt, die er sich selbst (wissenschaftlich) erklären musste – aber vielfach nicht konnte. Eine Welt, die er weder zur Gänze verstehen, noch völlig unter seine Kontrolle bringen konnte.

Besonders in der Postmoderne kam es zu einer nahezu radikalen Geschwindigkeit des (technischen und gesellschaftlichen) Wandels, zudem konnten diese Veränderungen eine unvorstellbare Reichweite erlangen.

Die Globalisierung, die weltumspannenden Handlungsspielräume und die Intensivierung weltweiter sozialer (politischer und wirtschaftlicher) Beziehungen, die globale wechselseitige Abhängigkeit stellte die Gesellschaft(en) vor neue, schwerwiegende Probleme:

Wie gelingt die Ordnung eines weltweiten Gesellschaftssystems, das aus einer unüberschaubaren Vielzahl an Vorstellungen, Werten und Interessen besteht?

Wie und durch was kann hier eine gemeinsame normative Struktur gefunden werden?

Und wie kann dem unentwegten Wandel, den radikalen, dynamischen Veränderungen und Entwicklungen, den Diskontinuitäten der Moderne begegnet werden?

Ständig hinzukommende oder sich verändernde Erkenntnisse der Wissenschaft machen jedes Wissen nur vorläufig. Das Spezialwissen der Experten, in das wir bestenfalls Teileinsichten haben, die Geld- und Finanzmärkte, die weltweit und nach einem uns nicht verständlichen System operieren, in das wir aber alle (mehr oder minder) involviert sind und die sich ausdehnenden, keine Anwesenheit mehr erforderlichen sozialen Interaktionen – all dies erfordert ein Vertrauen, das im Grunde keine Basis hat. Ein Vertrauen in symbolische Zeichen (Geld), in abstrakte Transaktionen, in unüberschaubare Systeme und Institutionen, in ein unbekanntes Expertenwissen, in fremde Personen.

Wie kann der Mensch in einer solchen Welt existieren und mit einem Mindestmaß an Sicherheit agieren?

Früher, in vormodernen Gesellschaften gab das „Gottvertrauen" den Menschen eine Zuversicht und Sicherheit, von der wir heute nur träumen können.

In der Moderne verfügen die Menschen zwar über ein erhebliches, weit umspannendes Wissen, das über die Medien und Nachrichten nahezu jedem zugänglich ist und weltweit ausgetauscht bzw. vermittelt wird. Doch andererseits teilen wir auch gemeinsame globale Risiken. Ökologische Veränderungen (etwa die Klimaerwärmung) oder atomare Katastrophen (etwa durch die Gefahr der Atomkraftwerke und Atomwaffen) sind keine lokalen Ereignisse und Gefahren, sondern Risiken, die sehr viele oder alle Menschen dieser Erde betreffen.

Durch politische und wirtschaftliche Verstrickungen, durch den globalisierenden Einfluss der Medien und durch die Nachrichten, die ein weltweites Wissen vermitteln, leben wir heute mehr denn je in einer „einzigen Welt". Die Frage ist nur, wie sich diese Welt normativ strukturieren lässt.

Anomische Tendenzen sind immer wieder und vielfach erkennbar: Etwa wenn sich bestimmte Staaten einer Wirtschaftsgemeinschaft nicht an gemeinsam aufgestellte Vorgaben halten, wenn demokratische Grundwerte missachtet werden, wenn Menschenrechte mit Füßen getreten werden usw. Beispiele hierfür gibt es leider recht viele – Lösungen nur sehr wenige.

Doch selbst die kleinen, lokalen, überschaubaren sozialen Gebilde unseres Alltags sind und bleiben problematisch. Sie sind insofern schwierig, weil sich auch hier grundlegende Veränderungen bemerkbar gemacht haben, die mit den alten, tradierten Normen nicht mehr zu greifen sind. Im beruflichen Bereich ergaben sich beispielsweise neuartige Probleme und lösen nicht selten psychische Erkrankungen aus.

Im Zeitalter der modernen Technik wird die ständige Verfügbarkeit der Arbeitnehmer in vielen Berufen geradezu erwartet und vorausgesetzt. Doch wie kann ein Arbeitnehmer diesem unausgesetzten Druck ohne ausgleichende Phasen des beruflichen Abstands standhalten? Viele können dies nicht – und zeigen Symptome eines Burn-out-Syndroms.

Mobbing, das Streben nach Karriere, nach beruflichem Erfolg um jeden Preis ohne Rücksicht auf Verluste (und die Gefühle der Kollegen) lässt in vielen Firmen eine Atmosphäre entstehen, der viele Arbeitnehmer nicht mehr gewachsen sind. Normen, die die kollegialen Beziehungen strukturiert haben, gingen unter den modernen Arbeitsbedingungen vielfach verloren. Arbeitnehmer werden zu „Einzelkämpfern", können diese „unsoziale" Situation aber auf Dauer nicht ertragen.

Aber auch im familiären Bereiche ergaben sich grundlegende Veränderungen. Während in vormodernen Gesellschaften der erste (und meist lebenslange) soziale Kontext des Vertrauten und des Vertrauens das (weit verzweigte) Verwandtschaftssystem betraf, verloren in der Moderne die verwandtschaftlichen Bindungen immer mehr an Bedeutung. Lediglich die Kernfamilie stellt noch einen zentralen Wert hinsichtlich einer (einigermaßen) stabilen Vertrauensbindung dar, doch auch sie löst sich in vielen Familien immer mehr auf. Scheidungen, Wiederverheiratungen, Patchwork-Familien – all dies wäre in den traditionellen sozialen Kontexten undenkbar gewesen und stellt heute die jeweiligen Familienmitglieder – und auch die Gesellschaft an sich – vor neue Probleme. Wie können familiäre Bindungen erhalten bleiben? Mit Hilfe welcher Normen sind sie zu regeln und zu stabilisieren?

Nicht selten stehen heute gerade die Familien- und Verwandtschaftsbeziehungen im Fokus von Spannungen und Konflikten.

Warum ist das so?

Alte gesellschaftliche Strukturen lösten sich auf, neue wurden noch nicht in dem Maße geschaffen, wie es erforderlich wäre. Es gibt nun mal (noch) keine klaren, eindeutig festgelegten Regeln über den Umgang mit „Familien"-Mitgliedern, die durch eine Neuheirat ins Zentrum unseres Privatlebens gelangt sind.

Bei verwandten Personen (der engeren Verwandtschaft) kann man sich normalerweise mehr oder minder sicher sein, dass sie sich auch an bestimmte Regeln und Verpflichtungen halten – und dies unabhängig von persönlicher Sympathie. Verwandte sind die Personen, auf die man sich verlassen kann – zumindest idealerweise. Verwandtschaftsbeziehungen sind stabiler, können mehr „aushalten", weil sie nicht (so leicht) „kündbar" sind wie etwa Freundschaftsbeziehungen. Die familiären Bindungen schenken uns schon sehr früh im Leben ein stabiles soziales Netz, schaffen eine Basis für zuverlässige, dauerhafte Vertrauensbeziehungen, vermitteln uns eine emotionale und ontologische Sicherheit.

Doch was passiert, wenn dieses wichtige soziale Netz immer brüchiger wird?

Weder die räumliche Gebundenheit noch die zeitliche Festigkeit ist in vielen heutigen Familien noch gegeben. Wenig stabile Lebensabschnitts-Partnerschaften, Heirat, Scheidung, neue Lebenspartner nach der Scheidung, Adoptionen, mehrere Umzüge im Laufe des Lebens, längere Auslandsaufenthalte oder Auswanderung usw., als dies gehört in der heutigen modernen Gesellschaft längst zu den normalen Gegebenheiten.

Auch Freundschaften, Bekanntschaften und andere soziale Kontakte des Alltags werden heute immer unverbindlicher, instabiler und damit auch schwerer zu strukturieren. Dauerhafte Freundschaften über viele Jahre hinweg (oder die gar ein Leben lang halten) werden zur Ausnahme.

Hinzu kommt die Tatsache, dass wir (besonders in Großstädten) in einer multikulturellen Gesellschaft leben, die uns vor ganz neue Herausforderungen stellt.

Türkische Nachbarn, polnische Altenpflegerinnen, libanesische Autohändler, indische Kollegen, schwarzafrikanische Straßenhändler, Mitschüler/innen mit Migrationshintergrund – all dies ist heute Alltag und erfordert nicht nur ein großes Maß ein beidseitiger Toleranz, sondern auch ein gegenseitiges Lernen und die Bereitschaft, sich an andere Werte, Normen und Bräuche anpassen zu wollen. Man muss sich in der modernen Gesellschaft auf andere „einlassen" können ohne Vorurteile gegenüber einem Anderssein – zweifellos eine überaus schwierige Aufgabe, aber auch eine Chance. Dass dies nicht immer gelingt, zeigen auf der einen Seite leider immer wieder fremdenfeindliche Tendenzen, auf der anderen Seite aber auch die mangelnde Bereitschaft zur Integration. Trotzdem ist das multikulturelle gesellschaftliche Miteinander eine Tatsache, der sich in der heutigen Gesellschaft sicherlich niemand (auf Dauer) entziehen kann.

So schwer ein gemeinsamer Normkonsens in manchen Fällen auch zu finden sein mag (besonders bei sich fern stehenden, sehr unterschiedlichen Kulturen), so darf man letztendlich doch eines nicht vergessen: Die heutige Gesellschaft ist eine global ausgerichtete Gesellschaft, in der nationale Grenzen immer mehr an Bedeutung verlieren. Ein globales soziales Miteinander heißt auch Anpassung an andere Kulturen – und damit auch an andere Normen.

Besonders schwierig wird es dann, wenn sich die unterschiedlichen Normen nicht mehr miteinander vereinbaren lassen, sich die kulturellen Werte dermaßen diametral gegenüberstehen, dass eine Anpassung nicht mehr oder nur schwer möglich ist.

Nicht selten steht hier die Gerichtsbarkeit vor der schwierigen Aufgabe, einen gemeinsamen Normkompromiss zu finden, der beiden kulturellen Auffassungen gerecht werden kann. Man denke hier etwa an die Beschneidung, die Zwangsverheiratung oder an die Rettung der familiären Ehre um jeden Preis.

Auch wenn man nach bestem (internalisiertem) Wissen und Gewissen handelt, bleibt letztendlich doch die Frage:

Wie viele kulturellen Werte und Normen dürfen anderen genommen bzw. aufgezwungen werden?

Angesichts dieser extremen Vielseitigkeit von traditionellen, kulturellen und normativen Vorstellungen in unserer heutigen, weltoffenen Gesellschaft stellt sich nun die Frage, wie der Einzelne ein befriedigendes Mindestmaß an Handlungssicherheit und Gewissheit erlangen kann. Warum leben die Menschen heute nicht in einem Dauerzustand der Anomie und Unsicherheit? Anomische Tendenzen gibt es, wie gesagt, recht viele.

Subkulturen entwickeln sich in vielen Großstädten, die ganz eigene Normen und Gesetze entwickeln und die oft mit der normativen Ordnung der übergeordneten Gesamtgesellschaft nicht mehr übereinstimmen. Hier stehen wir vor einem sehr großen gesellschaftlichen Problem. Die (zu) lange Duldung einer Parallelgesellschaft hat in manchen Fällen eine Subkultur erschaffen, die mit der umschließenden Gesellschaftskultur dermaßen konträr geworden ist, dass eine rückführende Anpassung nicht mehr möglich ist. Man denke hier an bestimmte Ausländerviertel mit Ghettocharakter oder an spezielle kriminelle Milieus, deren Eingliederung in die Gesamtgesellschaft oft gar nicht mehr möglich ist, weil es hier längst zu einer sozialen „Abschottung", d.h. zu einem anderen gesellschaftlichen und normativen Rahmen gekommen ist.

Anomische Erscheinungen lassen sich aber auch in Bezug auf die Jugendkriminalität erkennen. Aggressiver Vandalismus, neue Formen des Drogenmissbrauchs (etwa das beliebte „Komasaufen", KO-Tropfen), extreme Formen der Körperverletzung (ohne „Schmerzgrenze", wenn beispielsweise eine am Boden liegende Person noch weiter getreten und geschlagen wird), aber auch die indirekte Teilnahme an kriminellen Handlungen (z.B. durch stillschweigendes Einverständnis), unterlassene Hilfeleistung (wenn deutlich erkennbar ist, dass sich eine Person in Not befindet), Cyber-Mobbing, verbale und/oder physisch motivierte Anfeindungen von Ausländern, Behinderten etc. – all dies sind letztendlich Ausdrucksformen von fehlenden gemeinsamen Normen, die nicht oder nicht ausreichend internalisiert wurden.

Für so manchen stellt sich daher die Frage, ob die Jugend von heute unerzogen, „verroht" und ohne Mitgefühl sei. Doch so leichtfertig sollte man diese Problematik sicherlich nicht beurteilen.

Zum einen stellen jugendkriminelle Taten eine Ausnahme dar – zum anderen sollten wir uns die Gründe für eine passive Teilnahme an diesen Handlungen näher anschauen.

Tatsächlich wirken viele Jugendliche hilflos, stehen wie gelähmt neben Sprücheklopfern, Randalierern und Schlägern, trauen sich nicht, in Unrechtssituationen den Mund aufzumachen, sich einzumischen, bleiben auch dann passiv, wenn anderen (massiv) Gewalt angetan wird.

Doch sind sie tatsächlich so abgestumpft, unsensibel und gleichgültig?

Sicherlich nicht.

Gerade Jugendliche sind oft sehr sensibel für Diskriminierung und Unrecht in jeder Form, würden gern aktiv sein, sich für andere engagieren, sich einmischen – kurzum: sind im Grunde offen für soziale Spielregeln.

Andererseits brauchen sie jedoch auch einen Wegweiser, eine Orientierung, die richtigen Signale, um selbst aktiv zu werden und den Mut aufzubringen, ihre Handlungen in die richtige Richtung zu lenken, d.h. gegen Unrecht, Ausgrenzung und Gewalt vorzugehen.

Fehlt ein gesellschaftlicher Rückhalt und eine eindeutige Richtlinie, verfallen die meisten in Orientierungslosigkeit und Passivität, auch wenn sie im Grunde gern gegen Ungerechtigkeit und Gewalt vorgehen würden. Oder anders formuliert: Es fehlen ihnen die (allgemein geteilten) sozialen Normen, die ihnen die innere Gewissheit geben, richtig und gesellschaftlich konform zu handeln.

Hinzu kommt in diesem Zusammenhang noch ein weiteres Problem:

Während früher fast alle Eltern ihre Kinder nach den gleichen Grundwerten erzogen und sozialisiert hatten (über die sich natürlich auch streiten lässt, besonders über die Erziehungsmaßnahmen), findet heute in manchen Familien nur noch eine minimale Erziehung der Kinder statt bzw. erfolgt die Erziehung in den verschiedenen Familien auf eine sehr unterschiedliche, uneinheitliche Art und Weise, die die Pädagogen vor ein großes Problem stellen:

Wie können erzieherische Lücken im Elternhaus in pädagogischen Einrichtungen (Kita, Schule) ausgeglichen und geschlossen werden und auf welcher (gemeinsamen) pädagogischen Grundlage? Prallen die divergenten Erziehungsstile der Eltern (die von antiautoritären, alternativen bis hin zu sehr strengen Formen reichen können, die zudem verschiedene religiöse Grundlagen – z.B. christlich oder muslimisch – haben können) in Kindergärten oder Schulen aufeinander, so ist es für die Erzieher und Pädagogen geradezu eine Herkulesaufgabe, hier eine gemeinsame normative Struktur und Grundlage zu finden. Die sehr unterschiedlichen kulturellen Sozialisationen der Kinder und Jugendlichen, die verschiedenen Formen der Erziehung (auch innerhalb einer Kultur) und die fehlende oder unterschiedliche religiöse Orientierung machen einen gemeinsamen Konsens, auf den sich alle zumindest in den zentralen Punkten einigen, mitunter sehr, sehr schwierig.

Wir sehen: Egal ob Expertenwesen, abstrakte Systeme und Institutionen, globaler wirtschaftlicher Austausch und weltweite außenpolitische Beziehungen, weltumspannendes Kommunizieren (über das Internet), multikulturelle Erscheinungsformen und Pluralismus von Gruppen, Werten und Vorstellungen in unserer Gesellschaft vor Ort oder pädagogische

Herausforderungen aufgrund uneinheitlicher Erziehungskonzepte – die heutige Gesellschaft stellt uns vielfach und immer wieder vor ein (geschichtlich gesehen) neuartiges normatives Problem:

Wie können die Sozialbeziehungen einer Gesellschaft geordnet und strukturiert werden, die immer mehr ihre (nationalen) Grenzen verliert und keine gemeinsame normative Grundlage mehr besitzt? Wie kann ein globales Agieren zu einem gemeinsamen Konsens geführt werden?

Wie kann eine gesellschaftliche Entstabilisierung, ein anomischer Chaoszustand verhindert werden?

Kann unsere heutige, weltoffene und pluralistische Gesellschaft einen Zustand dieser Art überhaupt (auf Dauer) bewältigen?

Aus soziologischer Sicht würde man sagen: Sie muss und kann. Erscheinungsformen der Anomie und der sozialen Entstabilisierung sind sozialwissenschaftlich gesehen nur Übergangsformen.

Existieren keine zentralen, verbindlich geltenden Normen, Werte und Regeln, auf die man sich gesamtgesellschaftlich einigen kann, mögen zwar anomische Tendenzen erkennbar sein, eine totalitäre gesellschaftliche „Unordnung" und Auflösung oder eine dauerhafte Anomie werden sie sicherlich nicht bedeuten.

Egal auf welcher Basis – eine normative gesellschaftliche Ordnung wird immer wieder von neuem erschaffen werden, da sie fundamental für jedwede Gesellschaft ist.

Auch in einer multikulturellen, stark pluralistischen Gesellschaft wird früher oder später ein normativer (Grund- oder Minimal-)Konsens für alle gesellschaftlichen Bereiche gefunden werden, der sich gesamtgesellschaftlich in seinen zentralen Grundlagen durchsetzen wird.

Voraussetzung hierfür sind jedoch Toleranz, Weltoffenheit, Anpassung, Lernbereitschaft und die innere Offenheit, auch „fremde" (d.h. nicht internalisierte) Werte und Normen übernehmen zu wollen.

In einer global ausgerichteten Gesellschaftsform reicht es nicht mehr aus, in der Kindheit gewisse (lokal fundierte) Werte und Normen zu erlernen (wie dies früher der Fall gewesen war).

In unserer schnelllebigen, ständigen Veränderungen unterworfenen sozialen Welt, die nicht mehr räumlich und kulturell begrenzt ist, müssen wir unser Leben lang lernen – auch Normen und normative Kompromisse erlernen. Wenn wir im Rahmen unserer alltäglichen Handlungen, Begegnungen und sozialen Kontakten auf eine Vielzahl von Kulturen stoßen, ist es wichtig, dass wir flexibel und „offen" sind für neue Verhaltenskompromisse und normative Regelungen.

Was in der deutschen Kultur beispielsweise als höflich und normal gilt, erzeugt in der asiatischen Kultur Erstaunen (oder gar Entsetzen) – oder umgekehrt. So ist etwa Schmatzen, Rülpsen oder Ausspucken im chinesischen Kulturraum kein Verstoß gegen Tischsitten – im Gegenteil.

Aber auch im täglichen Umgang mit unseren türkischen (oder türkischstämmigen) Mitbürgern, mit süd- oder osteuropäischen Einwanderern, mit Flüchtlingen und Asylbewerbern – überall ist ein gegenseitiges (kulturelles und normatives) Öffnen von größter Bedeutung.

Solange die unterschiedlichen Kulturen zu sehr an ihren eigenen Werten und Normen festhalten, sind eine Annäherung und ein harmonisches Miteinander sehr schwierig zu gestalten.

Wie problematisch dies sein kann, zeigt sich immer wieder – nicht nur im alltäglichen multikulturellen Miteinander der einzelnen Bürger, sondern auch im politischen Sektor (etwa wenn bei weltweiten politischen Abstimmungen ein gemeinsamer Konsens selbst bei bestem diplomatischem Geschick oft nicht zu erreichen ist).

Aber auch innerhalb der rein deutschen Gesellschaftsschichten treffen wir in der heutigen Gesellschaft auf eine Vielzahl von verschiedenartigen Gruppen, Meinungen, Einstellungen, Werten, Normen, Wertauslegungen und „Wahrheitsansprüchen", sei es in politischer oder religiöser Hinsicht, im beruflichen Sektor, in diversen Gesellschaftsschichten, in Bezug auf unterschiedliche persönliche Lebensmodelle.

Angesichts dieser extremen, weit gefächerten pluralistischen Lebensgestaltungsmöglichkeiten kommt es zwangsläufig immer wieder zu anomischen Tendenzen oder Unsicherheiten aufgrund fehlender normativer Kompromisse.

Doch um in einer als befriedigend geltenden Art und Weise mit sich selbst und anderen Menschen leben zu können, braucht es ein Mindestmaß an (Handlungs-)Sicherheit und (Reaktions-)Gewissheit. Um dies erreichen zu können, müssen Normschwächen aufgefangen werden. Nur über gemeinsam geteilte Normen und Werte kann schließlich eine Orientierungsgewissheit und eine Handlungssicherheit geschaffen werden.

Doch wie kann dies in der heutigen Gesellschaft bewerkstelligt werden?

Ein gesamtgesellschaftlicher roter Faden ist natürlich eine Grundvoraussetzung (die meist über die Politik oder andere „höhere" Instanzen geschaffen wird), doch müssen die anomischen Tendenzen in der modernen Gesellschaft auch persönlich ertragen und aufgefangen werden. Das Problem der normativen Ordnung ist heute auch grundlegend ein Problem der individuellen Sinngebung geworden.

Jeder moderne Mensch in einer demokratischen Gesellschaft hat heute nicht nur die Möglichkeit, über sein Leben und seine Lebensgestaltung frei entscheiden zu können, nein – er es auch zu einer Freiheit der pluralistischen Wahlmöglichkeiten verdammt.

Er kann und muss sich beruflich, politisch, religiös und privat für eine bestimmte Richtung entscheiden. Er hat somit sein Leben zwar weitestgehend selbst in der Hand, muss sein inneres Sein aber auch aus sich selbst heraus bestimmen. Jedes menschliche Wesen wird mit dem inneren Drang geboren, seinem Leben (früher oder später) eine sinnhafte Ordnung zu verleihen.

Früher, in vormodernen Gesellschaften, stand diese fundamentale Wertorientierung für das einzelne Individuum eo ipso außer Frage, da Sinn und Ordnung ein gesamtgesellschaftliches Konzept war. Traditionen und Religionen waren die Grundpfeiler der gesellschaftlichen Ordnung und die Basis der persönlichen Lebensgestaltung.

Heute haben wir die Wahl – stehen damit aber auch der Problematik einer persönlich-individuellen Sinngebungslast gegenüber. Freiheit heißt vielfach auch Entfremdung und Loslösung von einem kollektiven Sinn- und Ordnungsfundament.

Wird der Mensch von einer festen Solidarität und von einem gesamtgesellschaftlichen (Sinn-) Dasein entbunden, so gerät er nicht nur in Zweifel über eine strukturierende normative Ordnung, die seine (persönliche und gesellschaftliche) Existenz festigt und sein Handeln leitet. Er gerät dadurch letztendlich auch in Zweifel darüber, wer und was er ist.

Da sich der Mensch stets über das Außen definiert, muss sich zwangsläufig eine innere Leere ergeben, wenn äußere (Wert-)Strukturen fehlen.

Doch ist es tatsächlich so, dass sich der moderne Mensch in einem permanenten Zustand des inneren Schwankens und der existentiellen Orientierungslosigkeit befindet?

Sicherlich nicht.

Irgendwie wissen sich auch heute die Menschen in einer Welt einzurichten, die sich zwar von der traditionellen Ordnung stark abhebt und viele anomische Züge aufweist, aber dennoch in den Grundzügen stabil zu sein scheint.

Wie ist dies möglich?

Das gesellschaftliche Miteinander muss von der Basis her soweit institutionalisiert sein, dass es trotz anomischer Tendenzen in einer stabilen kollektiven Verzahnung fortgesetzt werden kann.

Eine fundamentale, weltweit kongruente gesellschaftliche Ordnung gibt es nicht (mehr), doch Leitlinien sind geblieben. Grundrechte, Gesetze, staatliche und politische Vorgaben regeln und strukturieren heute eine Gesellschaft, die viel Raum und Freiheit für ein individuelles Seinskonstrukt lässt.

Nun liegt es an uns, diese Möglichkeit zu nutzen. Die Chance, unser Leben in vielerlei Hinsicht selbst gestalten zu können ist historisch gesehen ein gesellschaftliches Novum – und eine Herausforderung, die wir mit Hilfe alter und neu entstehender Normen auch sicherlich bewältigen können und werden.

10 ZUSAMMENFASSUNG UND ABSCHLIESSENDE BEMERKUNGEN

Kommen wir am Ende noch einmal zu unserer Ausgangsfrage zurück:

Warum schränkt der Mensch, der grundsätzlich nach Freiheit strebt, seine persönlichen Handlungsmöglichkeiten selbst – und sogar gern – durch soziale Normen ein?

Um diese Frage hinreichend beantworten zu können, haben wir Normen unter verschiedenen Aspekten näher untersucht. Zunächst befassten wir uns mit unterschiedlichen Normdefinitionen und können hier zusammenfassend feststellen:

Soziale Normen sind Verhaltensregelmäßigkeiten, die im Falle einer Abweichung mit (negativen) Sanktionen belegt werden oder belegt werden könnten. Ohne Sanktionsrisiko stellen Verhaltensregelmäßigkeiten keine Norm dar, sondern sind lediglich zufällige Verhaltensgleichheiten.

Wenn beispielsweise hunderttausende Menschen im Sommer am gleichen Tag in Urlaub fahren, ist dies sicherlich keine soziale Norm, obwohl hier eine beträchtliche Anzahl von Menschen zu einem bestimmten Zeitpunkt das Gleiche tut, denn diejenigen, die zu Hause bleiben, werden in aller Regel nicht dafür in irgendeiner Form von anderen bestraft werden.

Anders würde dies aussehen, wenn ein Arbeitnehmer in Urlaub fährt, ohne an seiner Arbeitsstelle Bescheid zu sagen bzw. formell Urlaubstage einzureichen. Diese Person hätte sicherlich mit einer sehr scharfen Sanktion (Entlassung) zu rechnen. Den Arbeitgeber um Urlaub zu bitten ist eine Verhaltensregelmäßigkeit aller Arbeitnehmer und auch eine soziale Norm, da sie bei Zuwiderhandlungen zu Sanktionen führt.

Doch warum sind diese gesellschaftlichen Verhaltensregelmäßigkeiten für soziale Interaktionen so wichtig?

Sie sind deshalb für das soziale Miteinander so unerlässlich, weil sie anderen Personen eine Orientierungshilfe liefern, d.h. aufgrund sozialer Normen hat man die Möglichkeit, (zumindest grob) vorherzusehen, wie andere in einer bestimmten Situation reagieren werden.

So kann ich beispielsweise davon ausgehen, dass der Briefträger tagsüber meine Post in meinen Briefkasten stecken wird (und sie nicht nachts in den Vorgarten wirft), oder dass mich ein Arzt, den ich in seiner Praxis aufsuche, in seinem Sprechzimmer und nicht auf dem Flur untersuchen wird, bzw. dass ein Fahrgast in der Straßenbahn, der keinen Sitzplatz gefunden hat, stehen bleiben und sich nicht plötzlich auf meinen Schoß setzen wird.

All diese kleinen alltäglichen Beispiele zeigen, wie wichtig soziale Normen sind, damit das Verhalten anderer Personen für mich im Groben „erwartbar" wird und ich dementsprechend auch agieren bzw. reagieren kann.

Da dadurch auch wiederum für die anderen Personen mein eigenes Verhalten vorhersehbar wird, kommt es im Alltag bei vielen Interaktionen zu routinemäßigen, vereinfachten Abläufen, die nicht mehr hinterfragt werden müssen, sondern unreflektiert vonstattengehen können.

Bestimmte Verhaltensabläufe werden für alle Agierenden frag- und gedankenlos durchlaufen, was zu einer immensen Vereinfachung des gesellschaftlichen Lebens (auch in alltäglichen Situationen) führt.

Warte ich an der Bushaltestelle, kann ich davon ausgehen, dass der Busfahrer an der Haltestelle anhalten und mir die Türen öffnen wird. Die Fährgäste, die an dieser Haltestelle aus dem Bus aussteigen wollen, wissen wiederum, dass ich mit meinem Einstieg so lange warten werde, bis sie ausgestiegen sind. Ich dagegen kann aufgrund sozialer Normen relativ sicher davon ausgehen, dass nach ihrem Ausstieg der Busfahrer nicht die Türen schließen und weiterfahren wird, sondern mich einsteigen lassen wird und erst nach dem Schließen der Tür die Fahrt fortsetzen wird – und zwar in der exakten Richtung des angegebenen Fahrziels.

Müsste man selbst bei solch einfachen alltäglichen Handlungen überlegen müssen, wie die anderen wohl handeln werden und wie ich darauf angemessen reagieren müsste, würde eine undenkbar komplizierte (und nicht ertragbare) gesellschaftliche Situation entstehen.

Zwar wird durch soziale Normen meine eigene Freiheit beschränkt, weil ich in vielen Situationen so und nicht anders handeln darf (ich kann mich beispielsweise an der Bushaltestelle nicht gewaltsam in den Bus drängen, bevor die anderen Fahrgäste ausgestiegen sind), jedoch werden durch Normen gleichzeitig bestimmte Handlungen von anderen Personen ebenso erzwungen (z.B. das Warten des Busfahrers, bis ich eingestiegen bin), so dass die Handlungsabläufe aller agierender Personen koordiniert und vereinfacht werden.

Soziale Normen schränken somit nicht nur meinen eigenen Handlungsspielraum ein, sondern gleichzeitig auch die Handlungsmöglichkeiten der Personen, mit denen ich interagiere. So kann ich mich (frühzeitig bzw. unbewusst) an ihrem erwartbar gewordenen Verhalten orientieren. Handlungsabläufe können so aufeinander abgestimmt und strukturiert werden.

Doch wie sind soziale Normen ursprünglich entstanden?

Dieser Frage sind wir in Kapitel 3 nachgegangen und sind zu folgendem Ergebnis gelangt:

Soziale Normen sind evolutionär vermutlich schon sehr früh entstanden, da der Mensch aufgrund seiner physiologischen und psychologischen Beschaffenheit auf einen Sozialverband angewiesen ist und nicht auf Dauer in Einsamkeit existieren kann und will.

Da jede Form der Gesellschaft (auch die „primitiven" Formen) ein Mindestmaß an Verhaltensregulierung benötigt, mussten schon sehr früh zumindest die elementaren biologisch-physiologischen Grundbedürfnisse in irgendeiner Form reglementiert werden, allen voran sicherlich die Triebe, die die Nahrungsaufnahme und Sexualität betrafen.

Als die Menschen bzw. die menschenähnlichen Wesen vor ca. 7 Millionen Jahren den aufrechten Gang erlernt hatten und dadurch bedingt in Jagdrudelorganisationen ihre Existenz sichern konnten, war ein differenzierter Sozialverband entstanden, der vielfältige soziale Normen benötigte. Das Sozialleben musste den Bedürfnissen entsprechend organisiert werden. Dabei war es nicht nur notwendig, dass die Gruppe der Jäger speziell organisiert wurde, um bei der Jagd erfolgreich sein zu können, nein, auch die „Schwächeren" (Kinder, Schwangere, ältere oder kranke Personen der Gesellschaftsgruppe) mussten ausreichend versorgt und geschützt werden, um den Sozialverband im Ganzen aufrecht erhalten zu können. Besonders die Fortpflanzung und Kinderaufzucht (die über viele Einzelgeburten etliche Jahre der Fürsorge erforderte) und der Schutz vor Fremden waren existentielle Probleme, die evolutionär sehr früh über Normen geregelt werden mussten. Es hatten sich wohl ursprünglich hinsichtlich dieser Probleme bestimmte (erfolgreiche) Verhaltensformen entwickelt, die dann allmählich einen normativen Charakter erhalten haben. Denn nur über einen gewissen sozialen Druck (d.h. über Normen und Sanktionen bei Normbrüchen) war längerfristig und allgemein ein gewisses Maß an Konformität und Kooperation zu erreichen, was wiederum für den Erhalt eines jedweden Sozialverbandes unerlässlich ist.

Natürlich gab es teilweise extreme kulturelle Unterschiede in der Entwicklung dieser moralischen Ordnungen, denn der Mensch ist höchst flexibel und variabel in seiner Normierungsfähigkeit.

Andererseits waren gewisse normative Grundzüge in allen Gesellschaften gleichermaßen erkennbar, wie Popitz feststellt. So gibt es gewisse universale normative Konstrukte, die in jeder Gesellschaft vorhanden sind: Zum einen sind dies die allgemeinen Normen (die für alle Mitglieder eine Gesellschaft gleichermaßen gelten, und zwar unabhängig von Alter, Geschlecht etc.), zum anderen gibt es darüber hinaus auch in allen Gesellschaften partikulare Normen, die nur für gewisse Gruppen einer Gesellschaft gelten (etwa für Kinder, Frauen, Verheiratete, Ledige etc.). Bei den Partikularnormen kann wiederum zwischen reziproken und nicht-reziproken Normen unterschieden werden. Reziproke Normen ergänzen sich sozusagen gegenseitig (jeder ist wechselseitig auf das Gleiche verpflichtet), dies ist bei „Ranggleichen" einer Gesellschaft der Fall (bei Geschwistern, Ehepartner, guten Freunden). Anders sieht dies bei den nicht-reziproken Partikularnormen aus. Durch gewisse Unterschiede (etwa hinsichtlich des Alters oder des Geschlechts) ergeben sich unterschiedliche normative Verpflichtungen. Eine Mutter hat andere Normen zu erfüllen als ein Kind, an Frauen wurden (und werden noch immer) andere normative Erwartungen gestellt als Männer etc. Insgesamt gesehen entstehen jedoch vielfältige normative Verflechtungen, die das Gesamtgerüst einer gesellschaftlichen Ordnung konstituieren.

Ein weiterer wichtiger Aspekt, der bei allen Gesellschaften gleichermaßen erkennbar ist, ist die Tendenz, die gesellschaftlichen Werte und Kenntnisse, die sich im Laufe der Zeit in einem Sozialverband entwickelt haben, auch an nachfolgende Generationen weitergeben zu wollen. Denn nur über die Tradierung zentraler Werte und Normen ist die Kontinuität einer Gesellschaft zu wahren.

Ein Generationswechsel ist für jede Gesellschaftsform ein Risiko, denn hier ist die Gefahr am größten, dass wichtige soziale Grundstrukturen verloren gehen.

Wie kann dem entgegengewirkt werden?

Am besten über eine Internalisierung, d.h. über eine (frühzeitige) Verinnerlichung zentraler normativer Werte. Was damit genau gemeint ist und wie dies im Einzelnen vonstattengeht, haben wir im 4. Kapitel gesehen. Hier noch einmal kurz die wichtigsten Aspekte:

Eine relativ sichere Weitergabe sozialer Normen an die nächste Generation geschieht am besten dadurch, indem Kinder die Verhaltenserwartungen, die an sie gestellt werden, nicht nur erfüllen, sondern auch in ihrem Inneren so verfestigen, dass die fremden Erwartungen sozusagen zu ihren eigenen Erwartungen werden. D.h. die Erfüllung gesellschaftlicher Ansprüche erfolgt nicht nur aus Angst vor äußeren Sanktionen, sondern aufgrund einer inneren Selbstverständlichkeit – und dies sogar dann, wenn die Nichterfüllung einer Norm einen persönlichen positiven Effekt erzielen würde.

Was man landläufig als ein „schlechtes Gewissen" bezeichnet, ist nichts anderes als die stabile innere Verankerung von sozialen Normen. Eine solche Internalisierung oder Verinnerlichung von Normen hegt für den Normsender bzw. Nutznießer einer Norm einen immensen Vorteil: Äußere Kontrollen und Sanktionen werden dadurch vielfach überflüssig. Die innere Kontrolle und eigene „psychische Bestrafung" (die Qual des schlechten Gewissens), die bei der Nichterfüllung einer Norm wie von selbst erfolgt, erspart den Normsendern in vielen Situationen eine aufwendige Überwachung (und ggf. Bestrafung).

Im (frühen) Kindesalter ist eine solche Internalisierung natürlich am leichtesten zu erreichen, da (Klein-)Kinder psychisch und physisch von erwachsenen Personen abhängig sind und daher von selbst danach streben, alles „richtig" machen zu wollen, d.h. normkonform zu handeln. Bei einer „Belohnung" (etwa Zuneigung oder positive Aufmerksamkeit) wird dieses von der Außenwelt positiv beantwortete Verhalten meist automatisch im Unterbewusstsein des Kindes gespeichert und ein solches Verhalten dann oft lebenslang in ähnlichen Situationen erneut gezeigt. Kurzum: Eine Verhaltensvorgabe oder soziale Norm wurde internalisiert.

Darüber hinaus orientieren sich Kinder in ihrer (Verhaltens-) Entwicklung auch sehr an dem Verhalten der Erwachsenen in ihrem sozialen Umfeld und ahmen es nach, so dass bei Kindern oft eine Internalisierung fast automatisch und ohne großen Aufwand vonstattengeht.

Aber auch im späteren Leben bzw. im Erwachsenenalter sind wir immer wieder (und meist unbewusst) Internalisierungseinflüssen ausgeliefert, sei es im Rahmen einer politischen Propaganda, innerhalb religiöser Kontexte oder aber auch in der täglichen Werbung, die nachhaltig gewisse Verhaltensvorgaben in unserem Unterbewusstsein verfestigt (um wirklich saubere Wäsche zu bekommen, muss ich ein bestimmtes Waschmittel verwenden etc.).

Natürlich kann eine Internalisierung von Normen auch negative Aspekte aufweisen, nämlich dann, wenn sie von Normsendern bewusst als psychologische Beeinflussung verwendet wird (beispielsweise im Rahmen einer stringenten religiösen „Erziehung" in Sekten), allgemein jedoch kann man sagen, dass die Verinnerlichung von sozialen Normen in jeder Gesellschaft von existentieller Bedeutung ist. Denn keine Gesellschaft, kein Sozialverband kann eine totalitäre Normüberwachung und lückenlose Sanktionierung aller Normbrüche leisten.

Insofern ist es in jeder Gesellschaft von größter Bedeutung, dass Normen auch im Inneren der Gesellschaftsmitglieder fest verankert werden, damit diese dann in vielen Situationen auch von selbst, d.h. von innen heraus, normkonform handeln.

Eine Internalisierung reduziert somit die gesellschaftlichen „Kosten" der Überwachung und Sanktion und sorgt für ein stabiles und dauerhaftes normkonformes Verhalten der Gesellschaftsmitglieder. Sie hat daher eine nicht zu unterschätzende soziale Funktion. Sanktionen an sich werden dadurch natürlich nie vollkommen ersetzt werden.

Wie wichtig solche (negativen) gesellschaftlichen Reaktionen auf ein normabweichendes Verhalten sind, haben wir in Kapitel 5 näher beleuchtet.

Durch eine Sanktion wird dem Normbrecher verdeutlicht, dass sein Verhalten in der Gruppenöffentlichkeit missbilligt wird (was manchen Normbrechern evtl. ansonsten gar nicht bewusst wäre). Darüber hinaus haben Sanktionen eine abschreckende Wirkung. Durchgeführte Sanktionen können weitere Normbrüche (auch anderer Personen) in der Zukunft verhindern.

Aber auch eine gewisse Sanktionswahrscheinlichkeit allein (z.B. das Aufstellen einer Radarfalle zur Messung von Geschwindigkeitsübertretungen) kann dafür sorgen, dass normkonformes Verhalten an den Tag gelegt wird.

Wichtig ist, dass Sanktionshandlungen durch die Gruppenöffentlichkeit legitimiert werden, denn negative Reaktionen auf einen Normbruch ohne gesellschaftliche Billigung wären isoliert betrachtet ebenfalls Normbrüche. So darf ich beispielsweise nicht einem Verkäufer eine Ohrfeige geben, weil er mir eine minderwertige Ware verkauft hat (das wäre eine rein persönliche Rache), ich darf aber sehr wohl auf die Rücknahme der Ware drängen und einen Ersatz oder Geldrückgabe verlangen (das wäre eine von der Gesellschaft zugebilligte Sanktion).

Sanktionen garantieren keine lückenlose Normkonformität, sie können jedoch Normbrüche und Normabweichungen auf ein Mindestmaß reduzieren.

Darüber hinaus sind sie zur Normverdeutlichung sehr wichtig (oft wird erst durch einen Normbruch und eine Sanktionierung die Bedeutung der Norm wieder in Gedächtnis gerufen).

Eine weitere wichtige gesellschaftliche Funktion von Sanktionen ist die der Solidaritätsfundierung, denn über Sanktionen wird eine gemeinschaftliche Abwehrreaktion zum Ausdruck gebracht, die alle Gesellschaftsmitglieder teilen. Diese fühlen sich in ihrer Bestrafung solidarisch und verdeutlichen damit nicht nur die Wichtigkeit der sozialen Norm, sondern auch die Wichtigkeit des gesellschaftlichen Gemeinschaftsgefühls. Normbrüche verletzten die „Kollektivgefühle", Sanktionen sind die negativen Reaktionen auf diese Verletzung und stärken den Zusammenhalt und das Wir-Gefühl einer Gruppe oder Gemeinschaft.

Sanktionen sind in jeder Gesellschaft unerlässlich, dennoch sollten sie nicht zu häufig erfolgen. Eine sehr hohe Sanktionswahrscheinlichkeit kann abschrecken, wird aber jeder noch so kleine Normbruch immerzu mit Sanktionen bestraft, verliert die Bestrafung an Sinn und Bedeutung. Wir kennen dies vielfach aus dem Alltag: Eltern die unaufhörlich ihre Kinder überwachen und (unverhältnismäßig) bestrafen, erlangen in den wenigsten Fällen dauerhaft Respekt. Ihr Erziehungssystem wird von den Kindern sehr bald in Frage gestellt werden. So ähnlich verhält es sich hinsichtlich sozialer Normen: Werden diese zu oft und zu stark sanktioniert, werden sie auf Dauer gesehen an Bedeutung verlieren. Denn wird eine Norm nur aus Angst und nicht aus innerer Überzeugung heraus befolgt, wird sie früher oder später nur noch als Belastung erlebt werden und sinnlos erscheinen.

Insgesamt kann man jedoch sagen, dass Sanktionen viele wichtige gesellschaftliche Funktionen erfüllen: Sühne, Vergeltung, Abschreckung, Verdeutlichung (der Wichtigkeit) der Norm und das Konsolidieren eines Gemeinschaftsgefühls.

Sanktionen sind nicht immer, aber vielfach eine Frage der Macht. Nicht jeder hat das Potential, eine Sanktion gegenüber einem Normbrecher auch durchzusetzen. Sei es, weil er körperlich unterlegen ist, sei es, weil es ihm an Mut, Durchsetzungsvermögen, Macht, Geld oder an einer entsprechenden gesellschaftlichen Stellung fehlt.

Kann eine Sanktion von einem Einzelnen nicht durchgesetzt werden, weil er dem Normbrecher in irgendeiner Form unterlegen ist, so kann eine Sanktionskoalition in vielen Fällen sehr hilfreich sein. Durch die Unterstützung dritter Personen, d.h. mit einem gewissen Background im Rücken, kann ein Geschädigter sehr viel leichter eine Sanktion durchsetzen.

Eine Politesse etwa, die sicherlich den meisten männlichen Falschparkern körperlich unterlegen ist, weiß, dass die Vertreter der Stadt oder Gemeinde, bei der sie angestellt ist, ihre Sanktion (Erteilung einer Verwarnungsgeldes) nicht nur gutheißen und unterstützen, sondern sogar fordern. Daher kann sie mit einer ganz anderen Selbstverständlichkeit und Sicherheit sanktionieren, als wenn sie auf sich allein gestellt wäre.

Eine Privatperson kann in der Regel wenig gegen Falschparker ausrichten, es sei denn, sie ruft unterstützende Dritte (die Polizei) hinzu.

Aber auch im ganz privaten Bereich haben Sanktionskoalitionen eine nicht unerhebliche Bedeutung. Eine Mutter kann beispielsweise Sanktionen (z.B. Fernsehverbot, Stubenarrest) viel leichter und nachhaltiger bei ihrem Kind durchsetzen, wenn der Vater des Kindes diese Erziehungsmaßnahme unterstützt, als wenn sie auf sich allein gestellt wäre.

Doch nicht nur bei der Durchsetzung von Sanktionen ist die Unterstützung von Koalitionspartnern sehr wichtig, auch bei der Durchsetzung von Normänderungen.

Brechen viele Personen immer wieder eine bestimmte Norm, kann diese mit der Zeit „aufgeweicht" werden, d.h. sie wird angesichts der Vielzahl der Normbrüche irgendwann nicht mehr sanktioniert werden und schließlich ganz ihre Bedeutung verlieren.

Legt sich nur eine einzige Frau „oben ohne" zum Sonnenbaden in einen öffentlichen Park, kann dies als Erregung öffentlichen Ärgernisses bei der Polizei angezeigt werden (wie dies vor ein paar Jahrzehnten noch oft getan wurde). Zeigen jedoch viele Frauen und über einen langen Zeitraum hinweg das gleiche Verhalten, wird diese Entblößung in der Gesellschaft schließlich toleriert und hingenommen werden (wie dies heute in aller Regel der Fall ist).

Zusammenfassend kann man sagen, dass die (praktische oder auch nur mentale) Unterstützung durch Dritte einen entscheidenden Einfluss auf die Durchsetzung von Sanktionen und Normänderungen haben kann.

Meist kommt diese Unterstützung durch ein bestimmtes Konformitätsinteresse zustande, d.h. es zeigt sich als ein solidarisches Verhalten innerhalb einer homogenen Gruppe (wenn beispielsweise alle Clubmitglieder eine Sanktion gegen ein Mitglied unterstützen, das eine Clubnorm gebrochen hat).

Andererseits zeigt sich diese Unterstützung aber auch bei (scheinbar) unbeteiligten Dritten. Dies ist beispielsweise oft innerhalb von Berufsgruppen der Fall. Wenn mir etwa ein Kollege aus meiner Abteilung bei einem Streit mit einer Person aus einer anderen Abteilung hilfreich zur Seite steht und meine Sanktionshandlung unterstützt (z.B. indem er wichtige Unterlagen bewusst zurückhält, die die andere Abteilung dringend benötigt), dann ist dieser Kollege aus meiner Abteilung zwar im Grunde unbeteiligt, leistet hier aber mit seiner Unterstützung eine Art „Vorschuss". D.h. er hilft mir in einer Streitsituation, in die er zwar nicht direkt involviert ist, erwartet dafür aber dann auch im Gegenzug von mir, dass ich ihm zu einem späteren Zeitpunkt in einer anderen Situation ebenfalls helfen und ihn in irgendeiner Form unterstützen werde.

Sanktionskoalitionen sind meist Zweck-Nutzen-Koalitionen, d.h. Dritte beteiligen sich unterstützend bei einer Sanktion, um entweder zu einem späteren Zeitpunkt selbst einen persönlichen Nutzen zu erlangen, oder aber um die Homogenität und Stabilität einer Gruppengemeinschaft zu wahren.

Soziale Beziehungen und Gruppenstrukturen können durch Normbrüche leicht gefährdet werden. Besonders dann, wenn ein Normbruch für andere Gruppenmitglieder zum (negativen) Vorbild wird, d.h. Anlass dafür ist, dass auch andere Gruppenmitglieder diese Norm brechen oder brechen könnten.

Sanktionen sind daher für einen stabilen Gruppenerhalt unerlässlich und werden (insbesondere in kohäsiven Gruppen) in der Regel auch durch alle Mitglieder unterstützt werden.

Sanktionskoalitionen sind soziologisch gesehen für alle Gesellschaften und Gemeinschaften sehr bedeutsam, denn sie sind auch Ausdruck eines Wir-Gefühls, das jede soziale Gruppe von innen heraus festigt.

Ein weiterer wichtiger gesellschaftlicher Faktor ist der der Orientierungsmöglichkeit anhand eines bestimmten Rollenverhaltens, womit wir uns in Kapitel 7 näher auseinandergesetzt haben.

Jede soziale Interaktion setzt eine gewisse Einschätzung des anderen Handlungspartners voraus. Nur wenn ich im Groben weiß, „wer" der andere in etwa ist, kann ich seine Handlungen und Reaktionen auch voraussehen und meine eigenen Handlungen darauf abstimmen.

Bin ich beispielsweise Verkäufer in einem Elektrofachhandel und möchte einen teuren Fernseher verkaufen, dann werde ich mich als guter Verkäufer bei einer älteren Dame mit Pelzmantel (die ich als wohlhabend einschätze) sicherlich ganz anders verhalten, als gegenüber einem jungen Mann mit einer zerrissenen Jeans. Mit der älteren Dame werde ich sehr höflich und zuvorkommend sprechen und ihr viele technische Details (für einen Laien verständlich) erklären. Dem jungen Mann gegenüber werde ich dagegen einen lockeren Tonfall anschlagen (um nicht als spießig und „old school" zu gelten). Auf technische Erklärungen werde ich ihm gegenüber verzichten (da ich bei ihm dementsprechende Kenntnisse voraussetze), werde dafür aber auf die Möglichkeit einer günstigen Ratenzahlung hinweisen.

Natürlich kann es mir dabei auch passieren, dass ich die beiden Kunden völlig fehleinschätze und ihre Rolle falsch deute. Die ältere Dame verfügt vielleicht nur über eine kleine Witwenrente (und ihr Pelzmantel stammt aus „besseren Zeiten"). Der junge Mann mit der legeren Kleidung ist vielleicht ein Student der Geisteswissenschaften mit geringen technischen Interessen und Kenntnissen, aber mit wohlhabenden Eltern, die ihm den Fernseher finanzieren werden.

Im Alltag werden wir immer wieder gezwungen, Personen und Situationen schnell einzuschätzen und uns ein Bild zu machen, um dementsprechend darauf reagieren zu können. Meist fehlen uns ausreichende Details, um Personen richtig und umfangreich bewerten zu können. Daher suchen wir nach äußeren Anhaltspunkten (etwa über die Kleidung, das Alter, das Geschlecht etc.), um dann diese wenigen Informationen zu einem Gesamtbild zusammenzufügen. Hierbei werden oft kleine Details zum Angelpunkt eines generalisierten Bildnisses, das u.U. später wieder revidiert werden muss.

Oft spielen Menschen auch ganz bewusst eine bestimmte Rolle, die nur eine Art „Außendarstellung" ist und nicht ihrem Inneren tatsächlich entspricht. Besonders Berufsrollen verlangen oftmals eine solche gespielte Außendarstellung. Vor allem im Dienstleistungsgewerbe ist es nötig, dass nach außen hin ein Schein gewahrt wird und z.B. Antipathien Kunden gegenüber nicht gezeigt werden oder ehrliche Meinungen zurückgehalten werden.

Jeder Mensch wird im Alltag gezwungen, verschiedene Rollen zu „spielen" und den damit verbundenen Rollennormen Genüge zu tun.

Eine 40-jährige Durchschnittsfrau muss beispielsweise die Rolle der treu sorgenden Ehefrau, der liebevollen Mutter, der netten Kollegin, der verständnisvollen Freundin, der hilfsbereiten Nachbarin, der loyalen Schwester und der „guten" Tochter ihren eigenen Eltern gegenüber spielen und hierbei jeweils verschiedenen Anforderungen, Verpflichtungen und Rollennormen gerecht werden.

Manche Rollenpflichten oder Erwartungen, die mit einer Rolle verbunden sind, können sich auch gegenseitig widersprechen, so dass eine Person in einen „Interrollenkonflikt" gerät.

Die Mutter unserer 40-jährigen Frau erwartet vielleicht, dass ihre Tochter dem Rollenbild einer perfekten Hausfrau und Mutter entspricht, ihr Mann und ihre Kinder dagegen wollen lieber eine Ehefrau und Mutter, die mehr Zeit für gemeinsame Freizeitaktivitäten hat und auch mal etwas im Haushalt liegen lässt.

Letztendlich muss jeder für sich selbst entscheiden, in welcher Rolle er ein rollenkonformes Verhalten zeigen will, von welchen Rollenvorgaben er abweichen will oder welche Rolle er vielleicht ganz aufgeben möchte. Jeder muss viele Rollen spielen und Rollennormen erfüllen. Wie er dies aber tut, bleibt ihm überlassen – und ist schließlich Ausdruck seiner ganz eigenen Persönlichkeit.

Mit einem ganz anderen Aspekt hinsichtlich sozialer Normen haben wir uns in den Kapiteln 8 und 9 beschäftigt, nämlich mit dem Wandel und Verlust sozialer Normen in der Moderne und der Frage, mit Hilfe welcher Normen eine moderne, global ausgerichtete und stark pluralistische Gesellschaft strukturiert werden kann.

Während in vormodernen Gesellschaften die sozialen Interaktionen über religiöse und traditionelle Normen klar geregelt gewesen waren (die alle Mitglieder einer Gesellschaft gleichsam geteilt hatten) und die Menschen aufgrund der geringen Mobilität mit den immer gleichen und gut bekannten Personen interagiert hatten, deren Handlungen daher auch gut einzuschätzen gewesen waren, kam es in der Moderne zu zahlreichen gesellschaftlichen Unsicherheiten und Problemen.

Traditionen gingen verloren, der religiöse Kontext wurde zunehmend unbedeutender, die Leute wurden mobiler und waren nun nicht mehr an einen bestimmten Ort gebunden, kamen so auch mit anderen, mit unbekannten und fremden Menschen in Kontakt, deren Handlungen und Reaktionen nicht mehr so leicht abzuschätzen waren. Kurz gesagt: Die alten gesellschaftlichen Strukturen lösten sich auf.

In der heutigen, postmodernen Gesellschaft verschärfte sich diese Problematik noch um ein Vielfaches. Nahezu alle Bereiche des Lebens (Beruf, Wirtschaft, Ernährung, Währung, Umweltprobleme, Politik u.v.a.) stehen heute in einem globalen Zusammenhang. Wir interagieren alltäglich und vielfach mit nicht oder kaum bekannten Personen, die noch nicht einmal physisch anwesend sein müssen, da Internet- und Handykommunikationen alltäglich geworden sind.

In einer weltoffenen, multikulturellen Gesellschaft prallen zudem nicht nur verschiedene Kulturen aufeinander, sondern auch unterschiedliche Wertvorstellungen, Traditionen und soziale Normen.

Aber auch innerhalb einer Kultur hat heute jeder Mensch (zumindest theoretisch) die Freiheit, sein Leben selbstständig und unabhängig von traditionellen Vorgaben zu gestalten und zwischen unzähligen Wertvorgaben zu wählen. Er kann seinen Beruf, seinen Lebenspartner, seinen Wohnort, seine Religion, seine politische Richtung bestimmen. Er lebt in einer nie gekannten Freiheit, aber auch in einer Unsicherheit, da ein gemeinsam geteilter Wert- und Sinnhorizont fehlt.

Eine Handlungssicherheit bei sozialen Interaktionen entsteht normalerweise über wiederholte Interaktionen und anhand guter Kenntnisse über den oder die Handlungspartner. Die heutigen Kommunikationsformen und die vielfach nur oberflächlichen und flüchtigen Interaktionen erlauben aber in aller Regel kein genaueres Kennenlernen mehr. Trotzdem erfordern aber auch diese Interaktionen Strukturen, Regeln und auch ein großes Maß an Vertrauen.

So muss ich beispielsweise meinem Kfz-Mechatroniker, meinem Arzt, meinem Zahnarzt, meinem Steuerberater oder aber auch dem Bäcker um die Ecke Vertrauen schenken, d.h. ich muss darauf vertrauen, dass diese Personen in ihrem Beruf ausreichende Kenntnisse besitzen und diese auch anwenden werden – und dies, obwohl ich diese Menschen kaum kenne.

Schlimmer noch, ich bin überdies gezwungen, auf die unbedenkliche Genießbarkeit von Lebensmitteln zu vertrauen, die ich im Supermarkt kaufe, deren genaue Herkunft ich jedoch oft nicht kenne – ganz zu schweigen von den Personen, die sie hergestellt haben.

Im Alltag trete ich mit Personen in Kontakt, die teilweise eine völlig andere Sozialisation (und normative Erziehung) erfahren haben. So kenne ich die Kultur, Religion und die sozialen Normen des indischen Kollegen, der rumänischen Putzfrau, des polnischen Autohändlers, des schwarzafrikanischen Busfahrers oder des iranischen Facharztes nicht oder nur oberflächlich – und doch trete ich mit diesen Personen in Kontakt und muss eine soziale Interaktion mit ihnen irgendwie strukturieren.

Wie ist dies konfliktfrei möglich, wenn gemeinsam geteilte normative Vorstellungen fehlen?

Warum versinkt eine globale, pluralistische Gesellschaft mit einer Vielzahl an Kulturen, Religionen, Traditionen und mit sehr unterschiedlichen normativen Wertvorstellungen nicht in eine Anomie und in ein gesellschaftliches Chaos?

Aus dem einfachen Grunde heraus: weil jede Gesellschaft sich früher oder später eo ipso ihren eigenen Nomos erschaffen wird.

Kulturübergreifende Interaktionen erfordern zweifellos ein mitunter schwer zu erlangendes Toleranzverhalten und auch ein gegenseitiges (normatives) Lernen, aber sie sind auch eine Chance. Eine Chance auf Vielfalt und Weltsicht. Alte, überholte Normen werden in einer weltoffenen Gesellschaft leichter untergehen und Platz schaffen für neue (oder bisher unbekannte) Normen.

In unserer global orientierten Gesellschaft ist vieles unsicherer, unübersichtlicher und komplizierter geworden, auch und gerade hinsichtlich der normativen gesellschaftlichen Strukturierung. Doch eines sollte dabei auf keinen Fall vergessen werden:

Soziale Normen werden sich immer wieder wandeln, anpassen oder untergehen. Neue Normen werden sich entwickeln, die den aktuellen gesellschaftlichen Gegebenheiten besser entsprechen.

Wie unsicher unser Leben und unsere Gesellschaft auch immer sein mag, eines ist sicher: Es wird niemals eine (wie auch immer geartete) Gesellschaft ohne soziale Normen existieren. Denn so wie der Mensch die Gesellschaft braucht, braucht die Gesellschaft eine Ordnung.

Der Mensch ist ein soziales Wesen, das zwar einen inneren Drang nach persönlicher Freiheit in sich trägt, sich aber noch viel mehr nach dem Eingebundensein in eine menschliche Gemeinschaft sehnt.

Doch jede Form der Gesellschaft benötigt eines grundlegend: eine normative Strukturierung. Denn nur so können die Handlungen der einzelnen Gesellschaftsmitglieder aufeinander abgestimmt werden. Wenn der Mensch sich sozialen Normen „unterwirft", schränkt er zwar seine eigene Handlungsfreiheit ein, kann dadurch aber auch mit den anderen Mitgliedern der Gesellschaft weitestgehend konfliktfrei interagieren, da sich alle gleichsam nach denselben Regeln richten – und er kann so seinem existentiellen Bedürfnis nach Gemeinschaft, Nähe, Geborgenheit und gegenseitiger Hilfe gerecht werden. Kurzum: Er kann MENSCH sein.

LITERATUR

Axelrod, Robert: Normen unter evolutionärer Perspektive, in: Evolution und Spieltheorie, hrsg. von Ulrich Mueller, München, 1990

Bellebaum, Alfred: Soziales Handeln und soziale Normen, Schöningh, 1983

Coleman, James S.: Foundation of Social Theory, Cambridge u.a. (dt. Übers.): Grundlagen der Sozialtheorie, Bd.1: Handlungen und Handlungssysteme, München 1991, Bd. 2: Körperschaften und die moderne Gesellschaft, München 1992

Endruweit, Günter und Trommsdorff, Gisela (Hrsg.): Wörterbuch der Soziologie, dtv/Enke 1989

Geiger, Theodor: Vorstudien zu einer Soziologie des Rechts, Neuwied/Berlin, 1964

Gerhardt, Uta: Rollenanalyse als kritische Soziologie, Luchterhand, 1971

Giddens, Anthony: Konsequenzen der Moderne, Suhrkamp, 1996

Goffman, Erving: Wir alle spielen Theater – Die Selbstdarstellung im Alltag, Piper 2003

Homans, G.C.: Theorie der sozialen Gruppe, Köln/Opladen 1960

Luhmann, Niklas: Normen in soziologischer Perspektive, in: Soziale Welt, Jg. 20, S. 28-48

Opp, Karl-Dieter: Die Entstehung sozialer Normen, Tübingen 1983

Parsons, Talcott: The Structure of Social Action, New York 1964

Popitz, Heinrich: Die normative Konstruktion von Gesellschaft, Tübingen, 1980

Popitz, Heinrich: Soziale Normen, Suhrkamp, 2006

Schmid, Michael: Das Problem der Normentstehung, 1992, Skript, Neubiberg

Sherif, M: The Psychology of Social Norms, New York 1936

Simmel, Georg: Soziologie. Untersuchungen über die Formen der Vergesellschaftung. Frankfurt/M.: Suhrkamp, 1992.

Spittler, Gerd: Norm und Sanktion. Untersuchungen zum Sanktionsmechanismus, Olten 1967

Sumner, William Graham: Folkways, Boston 1906

Ullmann-Margalit, Edna: The Emergence of Norms, Oxford 1977

Zeitfracht Medien GmbH
Ferdinand-Jühlke-Straße 7
99095 Erfurt, Deutschland
produktsicherheit@kolibri360.de